红色广东
青少年读本
南粤群英谱

欧海龙 主编

SPM
南方出版传媒
广东人民出版社
·广州·

图书在版编目（CIP）数据

红色广东青少年读本. 南粤群英谱 / 欧海龙主编. —广州：广东人民出版社，2021.6

（红色广东丛书）

ISBN 978-7-218-14887-8

Ⅰ．①红…　Ⅱ．①欧…　Ⅲ．①革命传统教育—广东—青少年读物　Ⅳ．①D642-49

中国版本图书馆CIP数据核字（2020）第255457号

HONGSE GUANGDONG QINGSHAONIAN DUBEN · NANYUE QUNYING PU

红色广东青少年读本·南粤群英谱

欧海龙　主编

版权所有　翻印必究

出 版 人：肖风华

责任编辑：梁　晖　黎　捷
封面设计：刘小锋
责任技编：周星奎

出版发行：广东人民出版社
地　　址：广东省广州市海珠区新港西路204号2号楼（邮政：510300）
电　　话：（020）85716809（总编室）
传　　真：（020）85716872
网　　址：http://www.gdpph.com
印　　刷：广东鹏腾宇文化创新有限公司
开　　本：787毫米×1092毫米　1/16
印　　张：15.75　　字数：200千
版　　次：2021年6月第1版
印　　次：2021年6月第1次印刷
定　　价：60.00元

如发现印装质量问题，影响阅读，请与出版社（020-85716808）联系调换。

《红色广东丛书》编委会

《红色广东青少年读本 南粤群英谱》

编 委 会

主 编：欧海龙

编 委：（以姓氏笔画为序）

刘铁梅　肖漪莹　吴松山

张任明　管　华

总　序

　　百年征程波澜壮阔，百年大党风华正茂。习近平总书记在党史学习教育动员大会上指出："我们党的一百年，是矢志践行初心使命的一百年，是筚路蓝缕奠基立业的一百年，是创造辉煌开辟未来的一百年。"翻开风云激荡的百年党史，一代又一代中国共产党人，用鲜血和生命浸染了党旗国旗的鲜亮红色，书写了可歌可泣的历史篇章，铸就了彪炳史册的丰功伟绩。一百年来，党的红色薪火代代相传，革命精神历久弥坚，红色基因已深深根植于共产党人的血脉之中，成为我们党坚守初心、永葆本色的生命密码。

　　广东是一片红色的热土，不仅是近代民主革命的策源地，也是国内最早传播马克思主义、最早成立共产党早期组织的省份之一。在新民主主义革命的漫长历程中，广东党组织在中共中央的领导下，发动、组织和领导广东人民开展了一系列广泛而深远的革命斗争。1921年，广东党组织成立后，积极开展工人运动、青年运动，并点燃农民运动星火。第一、二、三次全国劳动大会连续在广州召开，全国工人运动的领导机关——中华全国总工会在广州诞生。中国社会主义青年团第一次全国代表大会在广州召开，促进了全国团组织的建立、发展。在"农民运动大王"彭湃领导下，农潮突起海陆丰影响全国。

1923年，中共中央机关一度迁至广州，中国共产党第三次全国代表大会在广州召开，推动形成了第一次国共合作，建立了国民革命联合战线，掀起了大革命的洪流。随后，在共产党人的建议下，黄埔军校在广州创办，周恩来等共产党人为军校的政治工作和政治教育作出了重要贡献，中国共产党也从黄埔军校开始探索从事军事活动。在共产党人的提议下，农民运动讲习所在广州开办，先后由彭湃、阮啸仙、毛泽东等共产党人主持，红色火种迅速播撒全国。1925年，广州和香港爆发省港大罢工，声援五卅运动，成为大革命高潮时期一个十分引人注目的重要斗争。1926年，在统一广东革命根据地后，国民革命军在广州誓师北伐，以共产党员为骨干的北伐先锋叶挺独立团所向披靡，铸就了铁军威名。在北伐战争胜利推进的同时，广东共产党组织和党领导的革命队伍迅速扩大和发展，全省工农群众运动也随之进入高潮。

1927年"四一二"反革命政变以后，广东共产党组织在全国较早打响反抗国民党反动派血腥屠杀的枪声，广州起义与南昌起义、秋收起义一起，成为中国共产党独立领导中国革命、创建人民军队的伟大开端。随后，广东党组织积极探索推进工农武装割据，在海陆丰建立第一个县级苏维埃政权，并率先开展土地革命，开启了中国共产党领导人民进行的最重大的社会变革。与此同时，广东中央苏区逐步创建和发展起来，为中国革命的发展作出了不可磨灭的贡献。1931年，连接上海中共中央机关与中央苏区的中央红色交通线开辟，交通线主干道穿越汕头、大埔，成功转移了一大批党的重要领导，传送了重要文件和物资，成为土地革命战争时期党的红色血脉。1934年，中央红军开始了举世瞩目的长征，广东是中央红军从中央苏区腹地实施战略转移后进入的第一个省份，中央红军在粤北转战21天，打开了继续前进的通道，成功走向最后的胜利。留守红军在赣粤边、闽粤边和琼崖地区进行了艰苦卓绝的游击战争，高举红旗永不倒。

抗战全面爆发后，中共中央和中共中央长江局、南方局十分重视和加强对广东党组织的领导，选派了张文彬等大批干部到广东工作。日军侵入广东以后，广东党组织奋起领导广东人民开展敌后抗日游击战争，成立了东江纵队、琼崖纵队、珠江纵队、广东人民抗日解放军、南路人民抗日解放军和韩江纵队等抗日武装，转战南粤辽阔大地，战斗足迹遍及70多个县市。华南敌后战场成为全国三大敌后抗日战场之一，党领导的广东人民抗日武装被誉为华南抗战的中流砥柱。香港沦陷以后，在中共中央的领导和周恩来等人的精心策划安排下，广东党组织冲破日军控制封锁，成功开展文化名人秘密大营救，将800多名被困香港的文化名人、爱国民主人士及家眷、国际友人等平安护送到大后方，书写了抗战史上的光辉一页。

解放战争时期，在中共中央的领导下，华南地区大力开展武装斗争，开辟出以广东为中心的七大块游击根据地，成立了中国人民解放军琼崖纵队、粤赣湘边纵队、闽粤赣边纵队、桂滇黔边纵队、粤中纵队、粤桂边纵队和粤桂湘边纵队等人民武装，其中仅广东武装部队就达到8万多人，相继解放了广东大部分农村，在全省1/3地区建立起人民政权，为广东和华南的解放创造了有利条件。在广东党组织的配合下，人民解放军南下大军发起解放广东之役，胜利的旗帜很快插遍祖国南疆。

革命烽火路，红星照南粤。广东见证了中国共产党从新生到大革命、土地革命，再到抗日战争、解放战争等革命斗争全过程。其间，毛泽东、周恩来、刘少奇、朱德、邓小平、叶剑英、彭德怀、刘伯承、贺龙、陈毅、聂荣臻、徐向前、李富春、粟裕、陈赓等老一辈革命家和李大钊、蔡和森、瞿秋白、陈延年、彭湃、叶挺、杨殷、邓发、张太雷、苏兆征、杨匏安、罗登贤、邓中夏、恽代英、萧楚女、阮啸仙、张文彬、左权、刘志丹、赵尚志等一大批革命先烈都在广东战斗过，千千万万广东优秀儿女也在革命斗争中抛头颅、洒热血，留下了光照千秋的革命历史和革命精神。广东这片红色热土，老区苏区遍布全省，大大小小的革命遗址分布各地，留下了宝贵而丰厚的红色文化历史遗产。

习近平总书记强调，中国革命历史是最好的营养剂。重温这部伟大历史能够受到党的初心使命、性质宗旨、理想信念的生动教育，必须铭记光辉历史、传承红色基因。我们有责任把党领导广东人民进行革命斗争的光辉历史和伟大功绩研究深、挖掘透、展示好，全面呈现广东红色文化历史，更好地以史铸魂、教育后人，让全省人民在缅怀英烈、铭记历史中汲取砥砺奋进的强大力量，让人们深刻认识红色政权来之不易，新中国来之不易，中国特色社会主义来之不易，确保红色江山的旗帜永远高高飘扬。

为充分挖掘广东红色文化资源的丰富内涵，我们组织省内党史、党校、社科、高校等专家学者，集智聚力分批次编写《红色广东丛书》。丛书按照点面结合、时空结合、雅俗结合原则，分为总论、人物、事件、地区、教育五个版块。总论版块图书，主要综述中国共产党在广东的革命斗争历史概况，人物版块图书主要讴歌广东红色人物，事件版块图书主要论说党领导广东人民开展革命斗争的历史事件，地区版块图书从地市和历史专题角度梳理广东地域红色文化，教育版块图书着力打造面向青少年及党员的红色主题教材。丛书以相关的文物、文献、档案、史料为依据，对近些年来广东红色文化资源研究成果做了一次全面系统梳理，我们希望这套丛书能为党史学习教育、革命传统教育、爱国主义教育提供重要内容支撑。

　　一切向前走，都不能忘记走过的路，走得再远、走到再光辉的未来，也不能忘记走过的过去，不能忘记为什么出发。站在"两个一百年"的历史交汇点上，我们要更加坚定自觉地学史明理、学史增信、学史崇德、学史力行，赓续红色血脉，传承红色基因，以一往无前的奋斗姿态、风雨无阻的精神状态，推动广东在全面建设社会主义现代化国家新征程中走在全国前列、创造新的辉煌。

《红色广东丛书》编委会

2021年6月

目　录

contents

杨匏安

"慷慨登车去，相期一节全"

星仔说 历史

　　自鸦片战争以来，由于清政府的昏聩无能，侵略者的坚船利炮敲开了华夏的大门，中国一步步沦入了任人宰割、瓜剖豆分的半殖民地半封建社会的苦难深渊之中。为"拯斯民于水火，扶华夏之将倾"，中国人民英勇不屈地进行了顽强的抗争。太平天国运动、洋务运动、义和团运动等相继而起，其势如巨澜狂飙，席卷神州大地。近代很多重大历史事件都是在广东发生的，无数仁人志士在南粤大地寻找着新的道路、新的曙光。1911年孙中山领导的辛亥革命，推翻了两千多年的封建君主专制制度，建立了中华民国。然而，列强争夺、军阀混战的局面更迭出现，中国仍是外患日亟，内乱不已。1919年五四运动爆发，反帝爱国运动风起云涌，各种改革中国社会的政治主张也纷纷试验，但均未能成功。中国社会在呼唤着一个新的阶级，期待着一个新的政党的出现。

人物简介

杨匏安（1896—1931），原名锦涛（锦焘），笔名匏安等，广东香山县（今属珠海市）南屏乡北山村人。中共党员。曾担任国民党中央组织部秘书、代部长，中执委，中共中央委员，太阳社发起人，是中国共产党早期优秀的革命理论家和杰出的革命活动家，是华南地区最早系统介绍马克思主义的传播者，与北方的李大钊遥相呼应，被党史界称为"北李南杨"。1918年，杨匏安迁至广州杨家祠生活、工作，至1927年离开，其间撰写并发表了大量宣传马克思主义的文章。1921年杨匏安加入中国共产党，是中共早期党员之一。中共三大后，杨匏安遵照党组织的指示，在国民党中央担任要职，与谭平山、林伯渠、毛泽东等成为国民党高层中的著名共产党人，为国共合作和统一战线的发展作出了突出贡献。1927年5月杨匏安在中共五大上当选中央监察委员，1931年8月于上海龙华英勇就义，时年35岁。

1931年8月，一位清秀俊逸的青年被国民党反动派秘密枪杀在淞沪警备司令部内的荒地上，年仅35岁。

五块的，一张；两块的，两张；还有眼镜一副……

1931年7月25日，这是国民党当局从他身上搜到的全部物品。九块钱，是一家十口仅有的生活费，是这位被国民党列为"秘字第一号令"通缉的"共产党首要"之一的全部财产。

杨匏安肖像

他就是杨匏安，华南地区传播马克思主义第一人，做过第一届中央监察委员会副主席，也当过国民党中央组织部代部长。

"人生天地间，不可有俗气"

杨匏安，1896年11月出生于广东省香山县（今珠海市）南屏乡北山村一个破落的茶商家庭。杨家是名门之后，也是香山的大户人家，其始祖是北宋杨家将杨文广的第二个儿子，传到杨匏安刚好是23代。杨匏安的父亲杨富祥以贩卖茶叶、瓷器维持一家人的生计；杨匏安的母亲陈智，出身于香山县古鹤村（今属中山市三乡镇）一个华侨官商家庭。杨富祥在杨匏安童年时就病逝了，留下孤儿寡妇。陈智精于针线活，靠着此手艺维持生活，虽然家境贫寒，她却不愿受娘家嗟来之食。陈智是个受过中国传统旧式教育的妇女，读过不少古书，爱好诗词、书法，左右手均能写出一手好字。她知书识礼，明达事理，秉性刚直，处事敢作敢为。

她一共生育过九个孩子，唯一幸存的只有杨匏安，因此对其十分疼爱，但要求也特别严格，希望他长大成人后有所作为。杨匏安从小就坐在母亲的膝上跟着母亲诵读诗词古文，后来他自称"幼时颇有诗癖"，这大半是出自他母亲的熏陶。陈智为人贤惠、耿直、善良，可以说是传统社会温柔敦厚的女性典范。她经常教育家人不要贪小便宜，不欺骗他人，不做损人利己的事，还严于律己，偶尔出现差错，就向家人检讨，立即改正，实在难能可贵。杨匏安从来到人间，直到最后献身革命的一生，都离不开母亲的关心、爱护、熏陶和支持。

杨匏安还有一位庶母，名叫关秀英，是香山县一户贫苦家庭的孩子，是杨匏安母亲陈智的陪嫁女，后来一直留在杨家，她虽然没有什么文化，但为人勤快、吃苦耐劳，对杨匏安一生影响也很大。

童年时代，杨匏安在本乡恭都学堂上学。杨匏安在恭都学堂读书非常用功，尊敬师长，勤学好问，品学均优。十岁那年，他又转到离家较远的凤山高小学堂读书。这所学校奉有广雅书院文学馆分校及学海堂学长、香山丰山书院山长黄绍昌创立的石刻校训："一、立志；二、立诚；三、立品；四、正学；五、明经术；六、攻史学；七、屏外务；八、戒虚声；九、正文体；十、习书法。"杨匏安严格遵从这一校训，发奋苦读，尤其爱好文学、历史。

杨匏安最崇敬历史上的岳飞、文天祥一类英雄人物。文天祥在离他家不远的伶仃洋留下的"人生自古谁无死，留取丹心照汗青"的千古绝唱，常使杨匏安吟诵不已。他的学习成绩优异，诗文写作，早露才华，时常受到师友亲朋的夸奖。后来他在《诗选自序》中说：少年时"谬以诗文词见称朋旧"。可见他少年时代，在学校邻里间已颇有文名了。

小学毕业后，家里卖了田地，托亲戚带他到广州，他考进两广高等学堂预科。两广高等学堂的前身，是清末洋务派首领两广总督张之洞于1888年创办的广雅书院，是华南最有名的学府，辛亥革命后改名省立一中（即今广雅中学）；改名前后，由著名国学家吴道镕、诗人黄节相继任校长，设有数、理、化、日文等课程。"广雅"，意为培养学识渊博、品行雅正的人才，学校礼堂上悬挂着的是张之洞撰写的对联："虽富贵不易其心，虽贫贱不移其行；以通经学古为高，以救时行道为贤。"广东巡抚吴大澂撰写的另一楹联上句则是："当秀才，即以天下自任，处为名士，出为名臣。"1898年戊戌变法后，西学东渐，该校开始增设西洋课程，引进和收藏西学图书。

在省立一中就读期间，杨匏安对中西文化广览博闻，兼收并蓄，学识得到全面提高，为后来成为优秀的理论家和革命家奠定了坚实的文化基础。杨匏安在良师指引下，不但文史之学打下了深广的基础，而且广泛接触了张之洞洋务派，康、梁改良派和他的香山同乡孙中山民主革命派，刘师复无政府主义派等各种社会思潮。杨匏安认为："诗文一道，首贵无俗气。""然欲诗文之

无俗气者，必其人先无俗气；外欲其人之无俗气者，则举凡流俗所趋之事，非斥去可见。"

1917年春节过后，杨匏安带着妻子吴佩琪、母亲和堂弟来到澳门。在印刷商陈之如家任家庭教师。在澳门他结交了一大批文化人士，并在澳门文化界崭露头角。《东方杂志》创刊于1904年3月11日，社址在上海，是由商务印书馆出版发行的综合性期刊，当时在国内影响力极大，仅次于陈独秀创办的《新青年》。杨匏安在上面发表了用文言文写成的《原梦》，全文4000字，文章分析了梦的成因及是否能预测吉凶祸福等，这一年杨匏安才20岁。不久他又在《东方杂志》上发表了全文2000字的《晕船之防止法》一文。1918年春，杨匏安挚友陈大年从日本回国，担任《广东中华新报》主笔。《广东中华新报》是当时广州一家规模较大的报纸，社长是容伯挺，李大钊、林伯渠二人是容伯挺的好朋友。陈大年邀请杨匏安任《广东中华新报》记者，并推荐杨匏安到一所私立学校时敏中学任教务主任，就这样杨匏安一家来到了广州，居住在广州司后街杨家祠。杨匏安在广州，先后在时敏中学、南武中学当教员。这段时间他同何剑吾（南武中学校长）、陈大年（著名律师）等，来往比较密切；同道根女校也有联系，曾应邀去校讲课。当时，杨匏安年岁不大，被人称做"先生仔"。利用教学之余，1918年3月，杨匏安在《广东中华新报》上发表了十多篇散文笔记和一篇文言小说《王呆子》。《王呆子》写的是一位绰号王呆子的少年，为其父亲、姐姐复仇的故事。该小说发表在五四运动前，是一篇具有初步革命文学意义的好作品。

早在1918年，杨匏安刚过弱冠之年，面对当时腐败黑暗的时局，他就借诗言志，表达了自己不畏强暴，甘于牺牲的志向。他在《秋夜同无庵闲步》一诗中写道：

> 拂面西风病乍起，柳堤行尽屐声孤。
> 大江潮涌初园月，浅渚秋惊熟睡凫。
> 借次清霜坚傲骨，拼将浊酒斗孱躯。
> 多时不作还乡梦，旧种黄花尚有无？

在诗中杨匏安用秋菊冬梅斗霜傲雪的精神，表达自己不向恶势力低头的信念和决心。杨匏安在《诗选自序》一文说："吾闻乱亡之世，其音怨怒而哀思。验之今日，则国政乖矣！吾民困矣！"可见他在讲授诗词时，对黑暗之时政，民生之艰苦深有感触，忧国忧民之情溢于言表。五四时期的杨匏安已经立志抛弃俗气，做一个眼光远大、品德高洁、心怀天下、不同流合污的青年。

"我们最服膺马克思主义"

1911年辛亥革命爆发，新兵起义，香山光复。但革命果实很快就被袁世凯所篡夺。孙中山发动"二次革命"，旋告失败。

袁世凯的走狗龙济光占据了广东，他的土匪队伍"济军"进驻香山，开赌贩烟，奸淫掳掠，无恶不作。辛亥革命时逃往港澳的反动豪绅，又纷纷跑回来，封建复辟的恐怖，一时弥漫香山城乡。杨匏安目击一幕幕政治风云的激变，想到数千年文明的祖国，水秀山媚的家乡，依旧是豺狼当道，虎豹横行，"霸气已沉文物改，云流垂尽管弦凄"。他不禁徘徊怅惘，思绪万千，祖国的出路何在？年青一代的出路何在？要洗刷百数十年来外国侵略者强加在这古老民族头上的耻辱和灾难该怎么办？他辗转彷徨，却找不到明确的答案。

1915年，杨匏安东渡日本横滨。在日本求学期间，杨匏安广泛阅读西方各种流派学说。他受到片山潜、河上肇等日本早期马克思主义者的影响，开始逐渐接受马克思主义。精通日语后，他开始阅读日文的马克思主义原著，思想上开始接受马克思主义。受俄国十月革命的启发，杨匏安的思想发生了巨大的变化，他从激进的民主主义思想朝着马克思主义无产阶级世界观发展。五四运动后，杨匏安翻译了日本早期共产主义者的著述，认定只有马克思主义才能救中国，成长为一名马克思主义的坚定追随者。《广东中华新报》从1919年6月起，增设《通俗大学校》副刊，介绍西方新思潮和科学知识，杨匏安撰写的《青年心理讲话》一文连续登载一个多月，以引导学生在爱国运动中健康成长。同年6月至8月，杨匏安又在该刊发表了近3万字的《美学拾零》，介绍了柏拉图、康德、费希特和黑格尔等十多位西方著名学者的美学思想，该文也是我国最早系统地介绍西方美学思潮的文章。

知道中国共产党历史的人，都知道"南陈北李"，即陈独秀在上海、李大钊在北京最早开展了中国共产党的创建工作。但在建党前，还有一个"南杨北李"，即杨匏安在广东、李大钊在北京最早系统宣传了马克思主义，广大国人都知道李大钊的贡献，却很少有人知道杨匏安。杨匏安在以《世界学说》为总题的文章中，有一篇幅最长、最重要的文章题目是《马克思主义》，于1919年11月11日至12月4日，在《广东中华新报》连续登载了19天。在这篇文章中，杨匏安赞扬马克思的《资本论》是"社会主义圣典"，公开指出"现在之社会状态，实劳动者奋起革命，以求改造之时期也"。这篇文章与李大钊的著名文章《我的马克思主义观》几乎是同时问世的，也是华南地区最早系统地介绍马克思主义的文章，与李大钊的《我的马克思主义观》一样是马克思主义在中国早期传播的名著之一。胡绳主编的《中国共产党的七十年》，

1919年7月，杨匏安发表《世界学说》，介绍马克思主义

对杨匏安这篇文章评价甚高，认为杨匏安也是宣传马克思主义的先驱，党史上应该将"北李"和"南杨"并列起来提。《马克思主义》一文的发表，也标志着杨匏安已从革命民主主义者开始向马克思主义者转变，他不仅是中国南方传播马克思主义的先驱，他的宣传活动也为广东共产党组织的建立，做了思想准备。

1921年夏秋，杨匏安经谭平山介绍加入中国共产党，是中国最早的共产党员之一。杨匏安的住家杨家祠成为党组织秘密活动的据点。广东初期的共产党组织，经常在杨家祠开会活动，谭平山、陈延年、张太雷、苏兆征、周恩来、彭湃以及廖仲恺等是这里的常客。

1922年2月26日，《青年周刊》创办，杨匏安在为《青年周刊》的创刊号所写的宣言中，旗帜鲜明地高呼："我们最服膺马克思主义！""社会革命四个大字就是我们先行的旗帜！""革命的无产阶级学说，就是指示我们实现社会主义的实际道路！"1922年2月，他用白话体接着发表了长文《马克思主义浅说》，通俗、系统地介绍了马克思主义的唯物史观、阶级斗争学说、剩余价值理论三个组成部分。他不仅向读者宣告"我们最服膺马克思主义"，还初步把马克思主义同中国国情联系起来，提出我国革命除了应注重劳工运动之外，"尤其注重的是农民运动"，因为"中国是一个农业国，生产的大部分都是出自农民汗血"。此后，他在《珠江评论》发表了《无产阶级与民治主义》，都受到革命青年的欢迎。1922年下半年，他担任中国社会主义青年团广东区委员会代理书记，经常参加和指导社会主义青年团外围组织——新学生社的活动，向青年学生宣传马克思主义。在他主持广东区团委工作期间，发展了许多团员，周文雍就是其中之一。

1930年6月，在任中央农民运动委员会委员兼农民部副部长时，杨匏安将列宁和拉比杜斯的地租理论编译成《地租论》，深刻剖析了封建势力和资产阶级通过地租剥削的实质，成为日后共产党开展轰轰烈烈的土地革命的重要理论依据。

"进不失廉，退不失行，一分一文都不能要"

杨匏安从一个破落茶商家庭的子弟，成长为一名共产主义战士，作为香山文化的优秀代表之一，一生都在不懈地坚持清正廉洁这一中华优秀传统文化。1918年，杨匏安一家迁到广州，自己

1924年，在国民党一大会场，杨匏安（后排左二）与彭湃（前排左二）、何香凝（前排中）等合影

1925年初，中共广东区委部分成员合影。右起分别为杨匏安、陈延年、刘尔崧、冯菊坡。

在私立学校时敏中学任国文课教师兼教务主任，由于学校经费不足，教师薪俸无法保证，杨匏安经常要靠典当借贷来维持一家的生计。但杨匏安却安贫乐道，穷不改志，淡泊自甘，保持操守。当时，广州警察局的一位同乡官僚请他去当秘书，这是一肥差，许多人趋之若鹜，求之不得，但在当时的时政下，杨匏安却不愿同流合污，宁可清贫度日，因而对此视如敝屣，一口拒绝。

大革命时期，杨匏安在共产党和国民党内都曾身居要职。

1924年1月，国民党一大召开之后。共产党员谭平山任国民党中央组织部部长，杨匏安任秘书，主持日常工作。同年11月，杨匏安代理国民党中央组织部部长。

1926年1月，国民党二大在广州召开。杨匏安当选为中央执行委员，并被选为九个中央常委之一，负责处理国民党中央日常事务。

1927年5月，中共五大成立了党的历史上第一个中央纪律检查机构——中央监察委员会，杨匏安当选为中央监委副主席、委员。

不论担任何种职务，杨匏安都坚持清廉做事，清白做人。

第一次国共合作期间，杨匏安身居国民党要职，很多亲戚朋友上门求差。但是，杨匏安坚持用人唯贤，不肯徇私滥任，不收受任何礼金礼品，不为亲朋故旧说情，保持着廉洁朴素的作风。当时，杨匏安从国民党那里能领到很高的薪金。"他那时一个月的薪金有300多大洋，足以买田、买地。但他把绝大部分钱都交给党作活动经费，只留下极少的一部分作为家用。因此，我们家里也就不可避免地清贫、困难了，家人都必须去做工贴补家用"。杨匏安的四子杨文伟回忆。当时，虽然杨匏安身居国民党高位，但他两袖清风。1924年秋，中共广东区委成立时，杨匏安任监察委员，与陈独秀的大儿子陈延年和周恩来等在一起工作，他们常在杨家祠开会，周恩来在与杨匏安接触的过程中，被杨匏安的行为所打动，周恩来称赞杨匏安"为官清廉，一丝不苟，堪

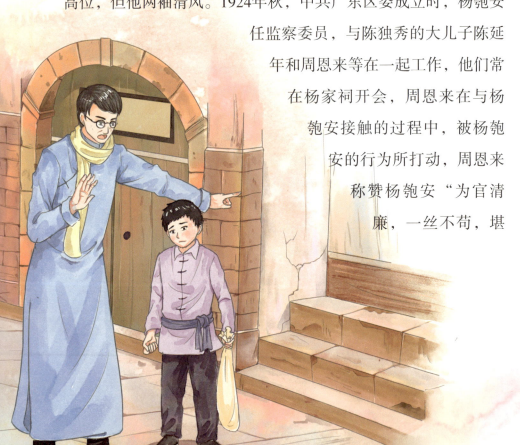

称楷模"。

省港大罢工期间，杨匏安管理大量钱财，却从未发生挪用贪占行为。有一天，他的孩子在存放过罢工捐款的麻袋里捡到一枚硬币，杨匏安发现后让他们立刻送回省港罢工委员会去。他严肃地说："这是公家的钱，一分一文都不能要！"过中秋时，有人给杨匏安家送了几盒月饼，杨匏安发现后，坚持要家人把月饼退了回去。他告诫家人："我们不能做贪小便宜、不干不净的事情。"

在白色恐怖严重的上海，党的经费十分紧张。杨匏安身患肺病，七个孩子中有两个因无钱治病而夭折，一家人生活异常艰苦，但他从不向组织叫苦、伸手，总是自己想办法克服困难。他白天当编辑校对，晚间加紧写作和翻译，还要帮家人推磨做米糍，让母亲和孩子清晨上街叫卖，以此换点钱维持全家的生活。

杨匏安身居官位时保持清廉，身陷囹圄时同样斗霜傲雪，保持节操，"进不失廉，退不失行"。1931年，杨匏安被国民党关在狱中，他在狱中托人带了一封信给家人，告诫家人，要革命就会有牺牲，在他牺牲后，家中不要接受任何不认识的人的任何资助。如果实在无法维持生活，就回老家去。他还特别嘱咐家人，不要将家中的缝纫机卖掉，今后可依此作为生活的来源。

"公忠不可忘，再苦再危险，我们也要革命到底"

1921年，杨匏安由谭平山介绍加入了广东的共产党组织，国共合作后，他又受中共中央委派参加改组国民党，并在国民党中央任第二届中央委员、中央组织部秘书和代部长，大力发展国共合作和工农运动。蒋介石写了《苏俄在中国》一书，攻击杨匏安"控制"组织部，"用这一关键地位来执行其渗透工作"。1926年春，蒋介石压迫共产党和左派时自任中央组织部部长，杨匏安被迫辞职，后仍在广州做统战工作。1927年春，他随陈延年到武汉参加中共五大，当选为中央监察委员。8月，杨匏安参加八七会议后南下广东，以策应南昌起义军。

1927年冬，杨匏安在赴南洋工作了一段时间后，于1928年到上海，在秘密的中共中央机关报当了一名编辑。在南洋工作

杨匏安诗稿手记《寄小梅》。

期间，杨匏安写了诗作《寄小梅》，其真迹现珍藏在珠海博物馆。《寄小梅》是杨匏安写给革命同志霍志鹏的诗，小梅是霍志鹏的小名，其妻杨少琴为杨匏安堂妹。发黄的稿纸上，红笔书写的"公忠不可忘"成为杨匏安革命生涯中，一直坚守的信念，这也与他早年所写的"借次清霜坚傲骨"形成呼应。

去国六千里，心随云水长。

逃生来绝域，问禁入危邦。

归意谁无动？公忠不可忘。

相思凭梦寄，月色满桄榔。

　　在上海期间，杨匏安一家生活艰难且充满危险。他母亲担任掩护机关工作，孩子担任传递传单书报等工作，每人口袋里只装两毛钱，规定平时不得动用，在机关暴露或与组织失去联系时用于买食物。1930年，由于敌人破坏，杨匏安不幸被捕。因没有暴露身份，在入狱8个月后被党组织营救。获释回家后，有人说起："我们做这些事，又穷又危险，小孩子没有书读，上街也提心吊胆的。"杨匏安却坚定地回答："再苦再危险，我们也要革命到底。"他的母亲马上也说全家都支持他。

　　1931年7月25日，因叛徒告密，杨匏安等16名共产党员被捕。杨匏安被捕后，由于他在国民党内曾任中央常委，地位很高，影响较大，蒋介石几次派人写信甚至亲自打电话劝降，杨匏安将书信撕碎，将电话筒摔到墙上，丝毫不为所动。据当年同牢房的难友回忆，杨匏安每天都被看守叫出去"会客"，来者又都是国民党要人，还许以高官厚禄，他的回答只是："我从参加革命起，早就把生死置之度外。死可以，变节不行！"此时他也惦念家中生活，从狱中传出纸条叮嘱："玄儿不可顽皮"，"缝纫机虽穷不可卖去"。因为这个缝纫机是家中唯一的谋生工具。在给家人的诀别信中，杨匏安告诉家人其已决定为革命献身；不能接受上海"旧识"
（国民党反动派）的财物；上海若不能生活就回老家……

"实际上广东老家已经没有任何财产了，但父亲在遗书中只字
不提让家人去找党组织，因为他怕给组织增添负担"，杨文伟
说起那段历史非常沉痛。

1931年8月4日，杨匏安在上海英勇就义，时年35岁。就义
前，他作一首《示难友》。诗中引据南北朝时褚渊出卖袁粲之
事，告诫明辨忠奸。其青松风格、永恒魅力，跃然诗中：

> 慷慨登车去，相期一节全。
>
> 残生无可恋，大敌正当前。
>
> 知止穷张俭，迟行笑褚渊。
>
> 从兹分手别，对视莫潸然。

杨匏安牺牲后，他的家人也都走上了革命道路。长子杨玄
由周恩来送去参加革命工作；二儿子杨明1938年在武汉找到周恩
来，随后去了延安；三儿子杨志也被党组织送去延安参加革命；
最小的儿子杨文伟则被祖母、姐姐杨绛辉等带着参加了东江纵
队。他们都兢兢业业，无私奉献，以父亲为榜样，不负杨匏安
后人之名。在谈及杨匏安一家为什么能做出这么多伟大的事情的
时候，杨文伟的夫人郑梅馨说："可能真的是有一种基因吧。信
仰，也是一种基因。"

杨匏安

慷慨登车去，相期一节全，残生无可恋，大敌正当前，知止穷张俭，迟行笑褚渊，从兹分手别，对视莫潸然。

刘婧

　　杨匏安，是我国最早宣传马克思主义的"南杨北李（大钊）"中的"杨"；他作为中共早期党员之一，为国共合作作出了突出贡献；他学识不凡，人品磊落，气节高尚，周恩来称赞他"为官清廉，一丝不苟，堪称楷模"，连蒋介石都称他"是个纯粹的马克思主义者"！杨匏安短暂的一生中，一共入狱四次。青年杨匏安为国家的独立和富强不断求索，苦寻救国之路，是他一生奋斗的力量源泉和精神支柱。从始至终，他都以救国济世为己任，怀揣使命之心、责任之心，将自己的生命紧紧地与国家兴亡联系在一起，主动置身于中国革命的时代洪流当中，无论作为一介书生，还是革命领袖；无论就读于家乡，还是流亡于海外；无论身处何位，他从未动摇，永不放弃。正因有了共产主义理想和信念，杨匏安不断求索，百折不挠，勇担重任，蔑视利诱，视死如归，用生命维护自己共产主义救中国的革命理想和崇高气节。他的一生以拯救民族为己任，使命与担当体现在他的每一个成长时期，融入他的血液，他以实际行动回应了少年时期母校"以天下自任，处为名士，出为名臣"的铮铮训诫。

恽代英

革命青年的导师

星仔说历史

　　正当中国在半殖民地半封建社会的泥潭中愈陷愈深，民族危机、社会危机愈演愈烈之际，俄国十月革命的爆发对中国人民产生了巨大的震动和鼓舞，先进知识分子开始以更大的兴趣、热情和责任来宣传、介绍马克思主义。从此，马克思主义成为很多青年知识分子的精神旗帜，恽代英就是其中的杰出代表，影响了中国一代甚至几代的青年。

恽代英（1895—1931），又名蘧轩，字子毅，原籍江苏武进，出生于湖北武昌。中国共产党早期重要领导人之一，与瞿秋白、张太雷并称"常州三杰"。恽代英是中国无产阶级革命家，中国共产党早期青年运动领导人之一，黄埔军校第四期政治教官。1913年，考入武昌中华大学预科。在校期间，学习成绩优异，文采出众。1917年，与黄负生等人创立互助社，并以"群策群力，自助助人"为宗旨，培养出一批自律自强的优秀青年。1920年，与林育南等人创办利群书社，吸引了一批武汉进步青年，集合了各革命团体，传播了新思想。1921年，与林育南等人创办共存社，以"企求阶级斗争，劳农政治"为宗旨，传播马克思主义。是年底，加入中国共产党。1922年，接团中央的书面通知，在泸县建立社会主义青年团。1923年，当选为中国社会主义青年团中央执委会候补委员、宣传部主任，创办和主编《中国青年》，它培养和影响了整整一代青年。1925年，参与领导五卅爱国运动。1927年，在中共五大上当选中央委员，参与组织和发动南昌起义，领导广州起义。1928年，任中共中央宣传部秘书长，负责主编中央机关刊物《红旗》。1931年4月29日，因叛徒出卖在南京雨花台英勇就义，时年36岁。遗著编为《恽代英文集》等。

时至今日，这些话语仍然响彻行云，深深影响着一代代的青年：

同志们，坚强些，我们是为将来的人创造美满生活的战士，我们不要为自己的痛苦伤心。

国不可以不救。他人不去救，则唯靠我自己；他人不能救，则唯靠我自己；他人不下真心救，则唯靠我自己；他人不下真心救，则唯靠我自己；自己要是不真心救，就是亡国奴的本性了！

我身上没有一件值钱的东西，只有一副近视眼镜，值几个钱。我身上的磷，仅能做四盒洋火。我愿我的磷发出更多的热和光，我希望他燃烧起来，烧掉过老的中国，诞生一个新中国！

我们不能像蚯蚓那样，上食槁壤，下饮黄泉。我们还得在这个社会中生活，要改变这个社会，还得加入这个社会……我走了，这只是暂时分手，你们不久可能先后离开，相信在革命的征程上，我们还会见面的！

我们常说青年是革命的力量，因为青年的感情丰富，气性刚烈。他们不知道隐忍羞辱，他们不知道躲避危险，所以他们见到应当革命便会勇猛的为革命而奋斗。

这是一个伟大的灵魂振聋发聩的呐喊，这是一位伟大的青年导师的谆谆告诫，这位伟岸的青年名叫恽代英！百年来，恽代英的话语激励了一代代年轻人，一个又一个青年榜样，谱写了一曲曲关于精神与信仰、青春与热血、牺牲与奉献的英雄赞歌。

这位仅仅在人世间度过三十六个春秋的青年人，是我党早期重要领导人、政治活动家和著名的青年运动领袖，在我党历史上留下了浓墨重彩的一笔。在这短暂的岁月里，他从普通的爱国青年成长为一名坚定的马克思主义者，给后人留下的不仅是巨大的精神财富和宝贵的思想遗产，还有到目前为止仍深深令当代青年为之敬仰和值得学习的风范与品格。

肩负国家命运，寻求救国真理

恽代英出身于一个传统的书香门第，青年时代起便意识到要把改造自我与改造社会紧紧联系在一起，并立下为祖国和社会服务的大志。1895年8月13日（清光绪乙未年六月二十二日），恽代英出生于湖北省武昌一幢挂着"毗陵恽寓"的大宅内。他的父亲期望他长大成人后做事能够持之以恒，有毅力，奋发向上，荣耀门庭，便给他起了"子毅"的字号。恽代英在武昌北路高等小学堂就读时，文才出众，有"奇男儿"之称。他从小就喜爱读书，每看到一本好书，便废寝忘食地阅读，被人称为"书痴"。小学时他就饱读了《纲鉴易知录》《古文观止》《战国策》《三国演义》等，从中吸取我国丰富的文化遗产，获得了渊博的历史知识。他还拜父亲的一位朋友为师，学习英语，开阔了视野。恽代英是在长江边长大，经常到江边看波澜壮阔的长江潮起潮落。长大后，他希望自己的心胸像长江的波澜一般壮阔，便把书房命名为"爱澜阁"，将文稿定名为爱澜阁文稿，日记也称之为爱澜阁日记。

1909年，恽代英兄弟四人随父亲移居到鄂西北重镇老河口。那里由于没有学校，代英只好在母亲的管教下，自学家中藏书。此时，在母亲的影响下，恽代英开始记日记了，他把日记作为"以是观吾品行的重要手段"，一日三省，鞭策自己克服缺点。这一良好的习惯，一直保持到大革命时期，后因环境险恶才被迫辍笔。他特别注意修身，经常用孟子"天将降大任于是人也，必先苦其心志，劳其筋骨，饿其体肤，空乏其身，行拂乱其所为，所以动心忍性曾益其所不能"的话，自勉和与朋友互勉。那时他只能从"古训古事"中吸取向上的力量。正如他后来的回忆："我常回想到我十三四岁的时候，所想象的只是'中流击楫'、'揽辔澄清'的人格。"1916年8月，正在武昌中华大学读书的青年恽代英，在商务印书馆创办的《学生杂志》上发表《自讼语》，以自讼的方式进行严格的道德自省，其自讼的范围和近乎苛求的道德勇气令人惊叹不已，某种程度上，恽代英是以圣人的标准来要求自己，这或许是恽代英后来有中共"党内圣人"之称的滥觞。

那时候，整个国家处于风雨飘摇中，偌大的中国正被列强肢解，中华民族到了亡国灭种的边缘。"国家要亡了！"爱国的呼声在祖国大地如雷鸣电闪，震撼着中国人民的心。19世纪60年代，资本帝国主义的魔爪开始伸向武汉，汉口沿江一带租界林立，长江上外国军舰耀武扬威，横冲直撞……恽代英目睹着遍地狼烟、满目疮痍的祖国，开始思索救国救民的道理。

　　1913年，18岁的恽代英考入武昌中华大学的预科。恽代英博古通今、学贯中西，他是中国共产党早期领导人中少有的、懂得三种外语的人才，除英语经过他人简单辅导外，日语和德语都是自学而成。他对坚持自学有着深刻的体认，并总结了自学的四大好处寄语青年人："一可以增加学生注意力；二引起其疑问之习惯；三养成无师自习之习惯；四便于个别指导。"他特别强调思考对于读书的重要意义，认为在看书的时候下一番综合整理的功夫，才能使书中所说的成为自己的学问。正是通过自学并伴以读书时的思考，恽代英在许多领域都形成了自己的思想。

　　恽代英在青年时期就树立了"利社会、利国家、利天下"的革命人生观。他常常教育围绕在他身边的青年，中国之所以贫穷落后，是由于帝国主义的侵略和军阀的压迫，中国人民的出路是团结起来反对他们，广大青年一定要肩负起改造社会的重任，为国家、为人民而奋斗终身。早在1917年十月革命爆发前，恽代英就在思考人生目的与人生价值的问题。他在日记中写道："近日思得'人生目的'问题，可列纲目如下：一、人生本由偶然非有目的。二、人生无目的故无价值。三、人生无价值而不死者以人畏死或不欲死，故此外无其他高尚理由。四、人畏死而求生，则必须牺牲小幸福以求大幸福，即为自利而利社会，利国家，利天下。凡正义观念均由此起。"在这里，恽代英已经认识到，人生只有有目的才会有价值，人生要想有价值，必须牺牲满足个人利益的"小幸福"，而追求有利于社会、国家、天下的"大幸福"，才是正确人生观的起点。这时，恽代英刚刚22岁。此后，恽代英写下《我之人生观》的长文，刊于《光华学报》上。文中用大量篇幅回答人为什么而生这一根本问题，他首先提出："人类何为而生存乎？人类之生存究有如何之价值？"他说："人类无目的而生存也，无目的故无价值。"意思是说，人出生是没有目的的，否则就无法回答人是什么样的目的而投胎。他写道："所谓目的者，意志活动之一种结果。而意志活动，乃人生后天心理之进化。"也就是说，人生的目的是后天才有的。关于生死观，也就是回答为什么而死的问题，恽代英认为："吾人为生存而求福利，为求福利而践履道德，今又为道德而牺牲生命，则吾人之生存，究为如何之目的耶？又何为而践履道德耶？……凡吾人践履道德之时，多少不免于自己福利上有所牺牲，然皆牺牲较小近的福利，而企求较大远的福利，如此乃不背生存之道也。"在当时，恽代英提出"牺牲较小近的福利，而企求较大远的福利"的思想，是值得肯定的。无产阶级的人生观在处理个人与集体、社会、国家，眼前利益与长远利益的关系上，也是主张眼前利益服从长远利益、局部利益服从整体利益等。

恽代英是一个既有高洁理想，又坚定笃行的人。他在1919年7月8日的日记中录存的致友人信中说："足下所望于代英者，代英久已自任，有生一日，必为人类做一日事，且必要收一日之效。代英决不欢迎失败，亦自信决非徒凭理想。盖不敢忘者，乃

以稳健笃实的进行，求最高洁理想的实现也。即令今日代英夭死，亦信已有朋友肯坚决为人类做事。只此精神辗转传递，理想终有实现日也。"

恽代英反对无目的的"书痴"式、"业儒"式的读书，倡导读书"不要忘了社会的实际生活，社会的实际改造应用"。在他看来，读书的致用就是要与实际生活相结合，就是要寻找救国救民的真理和现实道路。恽代英认为，青年人不但要认真学习科学文化知识，成为饱学之士，还应该有强烈的社会责任感和道义感，把学习和救国的事业紧密结合起来。"国不可以不救。他人不去救，则唯靠我自己；他人不能救，则唯靠我自己；他人不下真心救，则唯靠我自己。"这是五四运动期间，恽代英在日记中写下的一段文字，他是这么说的，也是这么做的。

1917年10月，恽代英联络一群热血青年，在武昌发起并创建了一个以"群策群力，自助助人"为宗旨的青年团体——互助社，这是中国最早的进步社团之一。1918年夏，恽代英从武昌中华大学毕业后，即任中华大学中学部主任。平日里，恽代英总穿着一件灰布长衫，脚蹬青布鞋，剃的是爱国头。茅盾曾在《记Y君》一文中形象地描绘了Y君的形象。Y君，正是恽代英。"曾经有人说过一句笑话：灰布大衫就是Y君的商标。五四时代在武昌听过Y君第一次演讲的青年们，后来在上海某大学的讲坛上又看到Y君时，首先感到亲切的，便是这件灰布大衫。这一件朴素的衣服已经成为他整个人格的一部分，这从不变换的服装又象征了他对革命事业始终如一的坚贞和苦干。将来的革命历史博物馆要是可能，Y君的这件灰布大衫是应当用尽方法找了来的。"这件灰布大衫是恽代英清贫乐道、舍己为公的生动写照。

1919至1921年期间，他在湖北创办《学生周刊》、利群书社和共存社，传播新思想、新文化和马克思主义。恽代英对社会共同新生活的憧憬，得到林育南、李书渠、廖焕星、肖鸿举等十一人的热烈响应。这些热血青年决定创办一个经销各种书报的商店，实行一部分财产公有，作为在城市实现新生活的基地。他们公推恽代英起草《共同生活的社会服务》宣言。这份宣言集中反映出这批有志建立新生活的改革家们改造社会的奋斗精神和对未来社会的展望。宣言叙述了这批改革家们创办经销书报商店的计划："一、于城市中组织一部分财产公有的新生活；二、创办运售各种新书报以及西书国货的商店。我们为什么要做这两件事呢？笼统的说起来，我们恳切的盼望：（一）有一个独立的事业；（二）有一个生产的事业；（三）有一个合理些的生活；（四）有一个实验各尽所能、各取所需的生活的机会；（五）有一个推行工学互助主义的好根基；（六）有一个为社会兴办各项有益事业的大本营。"这种思想在恽代英日记中反映得更清楚。他写道："我们的新生活。这是创办一个独立的事业，投身生利场合的第一步，实行一部分的共产主义，试办近乎各尽所能各取所需的团体。看机会以尽力于工读互助主义，尽能力为社会兴办各项有益事业。他（它）的办法初步是共同生活与书报售卖。"自愿投为共同财产者的金钱，为维持全国衣食住的费用。"至于将来的希望，盼望得团员人人无论何方面的收入都归为共同财产……无论何方面正当的支出，乃至养生送死，儿童教育费，都由共同财产中拨付。能到这样，便成了纯粹共产的生活。"总而言之，这个团体的分子，都是为社会做事的人。这个团体的财产，都是社会的财产。这是自利而且利人，而且逐渐发展社会的切实计划。他们将这种新生活的营业单位，定名为利群书社，其宗旨为"利群助人，服务群众"。

"书生报国无他物，唯有手中笔如刀"

学生报刊为青年知识分子探索社会改造之路提供了平台，"足以疏通风气，开化顽蒙，为当务之急，不可不创办也"，五四时期学生报刊的创办和涌现，是广大青年学生"书生报国"的必然选择。"凡是一种杂志，必须是一个人以团体有一种主张不得不发表，才有发行的必要"。《中国青年》周刊正是这样一种宣传马克思主义的革命刊物，自创刊起，就被定位为中国社会主义青年团中央机关刊物。1923年6月12日至20日，中国共产党第三次全国代表大会在广州召开。会议讨论了与国民党合作、建立革命统一战线问题，还探讨了青年群体的革命力量和青年运动的重要作用，通过了《关于青年运动的决议案》。该决议案指出："社会主义青年团应以组织及教育青年工人为其重要工作，在出版物上应注意于一般青年实际生活状况及其要求。"

1923年8月20日，为贯彻中共三大决议精神，中国社会主义青年团第二次全国代表大会在南京召开。恽代英当选为候补中央委员，后被增补为中央委员，并与刘仁静、林育南、邓中夏四人组成中央局，成为青年团早期重要领导人之一。此次大会明确指出："教育工作是本团根本工作之一，以共产主义的原则和国民革命的理论教育青年工人、农民、学生群众是本团最重大的责任。"本着关注青年、服务青年、引导青年的宗旨，1923年10月，《中国青年》周刊在上海应运而生。恽代英担任团中央机关刊物《中国青年》周刊主编，并以此为阵地发表了190余篇极具教育启迪意义的文章及与青年学生的通信。他用质朴平实的言语、积极进步的思想、高亢激昂的热情鼓舞了整整一代进步青年。正如郭沫若所言："在大革命前后的青年学生们，凡是稍微有些进步思想的，不知道恽代英，没有受过他的影响的人，可以说没有。"

恽代英担任《中国青年》周刊首任主编后，就对该刊作了准确定位。在发刊词上，恽代英大声疾呼"政治太黑暗了，教育太腐败了，衰老沉寂的中国像是不可救药了"。在当时的恶劣环境中，青年群众由于缺少社会经验，心智尚不成熟，容易被一些社会不良风气熏染，因而"需要供给他们一种忠实的友谊的刊物"。《中国青年》周刊正是要介绍国内外一些成功的运动经验，使青年受到启发，从而"引导一般青年到活动的路上"；介绍一些伟大人物身上的优秀品质，感染广大青年，使他们自觉改掉身上"苟且偷惰的恶弊"，从而"引导一般青年到强健的路上"；介绍一些在学校不易学到的切合实际的知识，使他们开阔眼界，从而"引导一般青年到切实的路上"。《中国青年》周刊自创刊起就确立了为一般青年服务，特别是为有志青年服务的宗旨，在发挥宣传和指导革命青年、组织革命青年方面起到巨大作用。

恽代英极其重视青年在社会改造中的生力军作用。在《中国青年》周刊第1期上，恽代英发表《对于有志者的三个要求》一文，对立志于改造社会、投身革命的广大青年提出三个要求：第一，要求广大青年"每星期至少牺牲六小时，作有益于社会改造的事业"。第二，要求广大青年"每星期至少牺牲六小时作时事与社会改造理论与办法的研究"。第三，要求广大青年"有收入时至少捐其十分之一作有益于社会改造的事"，养成"一般人对自己私利无关的事牺牲金钱的习惯"。

恽代英曾多次发文向青年讲中国共产党的性质，希望共产党员和要求加入中国共产党的青年严格要求自己，真正做一个名副其实的党员。在《怎样做一个共产党员？》一文中，恽代英提出一个合格的共产党员要做到以下五点：一是要有决心打倒一切压迫阶级，谋农工阶级的彻底解放；二是要能够明确了解农工阶级的解放，必须有大多数实际受压迫的农工觉悟组织起来；三是要领导群众为他们自己的利益奋斗，到各种有群众的机关中组织一个核心；四是要能够自愿接受党的训练，严格服从党的纪律；五是要能够为了革命的利益不惧任何困难危险。

在《中国青年》周刊第63、64期合刊上，恽代英发表的《中国共产主义青年团》一文详细介绍了中国共产主义青年团的性质，即"在中国惟一的以拥护青年本身利益为目的的团体"。他还向青年介绍了刚刚召开的团的第三次全国代表大会，指出这次大会"很注重领导青年工人学徒进行经济斗争",但是,经济斗争并不是最终目的,只有将经济斗争引导到政治斗争,一直到无产阶级专政,"才能达到无产阶级青年解放的最后目的"。在引导青年加入团组织方面,恽代英在《中国青年》周刊第106期发表了《怎样可以加入CY》一文。他告诉青年,C.Y.是共产主义青年团的英文缩写,只要愿意献身在农工中间做宣传组织工作,做促成农工专政的革命工作,且服从团体的纪律并接受团体的训练,就可以加入CY的组织。

恽代英的文章之所以受到广大青年的热烈欢迎,拥有众多的青年读者,是因为他的文章绝不讲空洞的大道理,而是把革命的道理寓于普通的事理之中,与广大青年切身利益紧紧联系在一起。例如他在《为自己的利益而奋斗》的文章中,首先从青年的利益讲起,将青年的利益和国家的利益结合起来,指出:"我们并不是专门提倡人类自私心,人要为自己利益而奋斗,他便会知道仅仅他一个人奋斗是不够的。压迫我们的是社会的各种恶势力,我们必须将一切同样受压迫的人团结起来,大家都来为自己利益奋斗。"在当前就是要将被压迫阶级"相互间协力一致"结成革命的"联合战线",去与帝国主义、反动军阀等恶势力斗争!

在恽代英的领导下,《中国青年》周刊的发行量最高曾达30000余份,广大青年争相传阅。在《中国青年》周刊这块革命阵地上,恽代英倾注了无限心血与精力,使其成为一盏明灯,照亮了千百万追求真理的青年的革命道路。

从"立志教育救国"到献身马克思主义

恽代英同绝大多数早期共产党人一样，也是由一个爱国主义者转变为马克思主义者的。早在学生时代，他就反复陈述"择校谋生""立志救国"的思想。他认为，拯救国家，首先在于改变社会风俗，"正风俗为救国第一要事"，教育则是正风俗的"一种手段"和"唯一切实的工具"。他写下了《论统一的教育行政》《改良私塾刍议》《小学校职业教育实施法》《中学改制论》等文章，阐述了他的教育观。1918年5月27日，他在日记中写道："余尝思，果有机会可服务母校，当以养成学业一贯之人才为宗旨，将使此校为中国有名之大学，亦即因势成事之意也。""因势成事之意"就是救国，可见，这时他已经萌发了教育救国的理想。怎样才能救国？恽代英十分注重智育的教育。他痛斥那种视读书人为万能者的谰言，十分尖锐地指出，中国两千年来学校培养出的只从书本上学，只知纸上写的知识的白面书生，实是无用的代名词。他特别强调知识要能为社会服务才是真知识，鼓励学生到社会中学习独立做事的本领。为此，他还设想过办社会服务研究班。当时，"教育界简直是千孔百疮，教育制度有许多谬误，教科书有许多劣点"，教材和教学方法不是沿袭封建蒙馆的一套，就是抄袭日本、西欧的一套，"其中有许多不合国情时势的地方"。针对这些情况，恽代英十分注重教材和教学方法的改革。他对注入式教学深恶痛绝，主张启发式教学。他深入教学领域，在教授英文、国文中大胆探索，采用启发式教学，收效明显。

恽代英在这一时期的教育观，过于看重了教育的作用，提出教育是改造社会唯一切实的工具，以及通过教育达到平等、德爱、劳动互助的社会目的。经过五四运动的洗礼，恽代英的新世界观开始萌芽，他在五四运动中看到人民群众的伟大力量。因此，他在《复复初》信中提出："代英所觉为重要之事，在唤醒工商界及多数平民。此其方法：（一）用报纸发表时事，以有系统之叙述，有眼光的批评写出之，使工商界及平民知有国家而爱之，知有武人政客之罪恶而渐廓清之。"这表明他正在突破唯心主义英雄史观的桎梏，这是他思想开始飞跃的起点，也为他走上信仰马克思主义的道路奠定了思想基础。

1920年3月，他在《平民教育社宣言书》中指出："现在我国的弊端最大的莫过于教育未能普及，实业未能振兴，所以才至于贫弱，受别人的欺侮，受别人的侵略，我们忍气吞声莫可如何，现在要医这个弊端，只有从实业、教育两方面着手。"在这里，恽代英把国家孱弱、中华民族饱受外国列强侵略的根源归结为教育未能普及，人民尚未觉醒。恽代英认为问题出在高等师范身上。他指出："从教职员方面说，第一件不该的事，便是不该只将高等师范当一个寻常的学校办，完全不注意高等师范与中学教育的关系。第二件不该的事，便是不该只养成一般学生为适应眼前的人，不能养成改造成理想社会的人。第三件不该的事，便是不该只知注意学校的便利，不顾社会的利害。"对于怎样解决这些问题，恽代英认为："第一，应该预备做教育家。第二，应该预备做中学的教育家。第三，应该预备做改进的中学教育家。"他指出："因为现在的中学教育，无论是宗旨上、训育上、课程上、教科书上、教授法上，都有许多的谬误，许多的应该改进的地方，怎样改进？是高等师范学生应该研究的，而且应实行的惟一的问题。"至于怎样"预备"，恽代英说："第一，应该至少看教育学与分科功课，一样重要。第二，应该多用力于进步些的观察研究，比书本上的学习更要紧。第三，应该以中学教育为学习研究的中心。第四，应该注意功课的能使人了解，比自己了解更要紧。第五，应该注意各学科互相联络的方法，比一学科的深造更要紧，所以应该多求普通些的知识。第六，应该彻底了解自由平等的真谛，预备牺牲自己的便利，发展中学生应该发展的，无论便利教职员与否的精神。"他说："总而言之，高等师范的教职员及学生，都应该有个彻底的觉悟。应该知道他们在分工的社会里，所负的责务；应该知道他们的责务，不是什么可以轻心以掉的事。因为他们的事业，于社会直接发生利害关系，至少于他们的学生几百人家庭前途，直接发生利害关系。社会很恳切盼望有进步些的教育，所以他们的责务，不是仅仅能供给社会与现在同等的教师，便算满足，必需能供给许多有改进知识及能力的教师。因为现在教育——至少中学教育，完全立脚于谬误根基之上。"

在此期间，空想社会主义和改良主义在恽代英的思想上占据主导地位。恽代英曾设想过"日出而作，日入而息""各尽所能，各取所需"的新生活，发表了《共同生活的社会服务》宣言，参与创办了利群书社。书社的创办客观上为新知识的传播提供了便利，马克思主义经典著作《共产党宣言》《资本论入门》《社会主义史》等书刊借此发行到了武汉，吸引了各界青年，恽代英开始接触和学习马克思主义。1920年10月，他写下《论社会主义》一文，初步地阐述了他对社会主义的认识。文章指出："我们就生物学理说，社会主义是当然的。因为宇宙的大法是注重大群，不注重小己的；就经济状况说，社会主义是必然的。因为分工的结果，人类生活是互助共存的，不是独立自给的。这样可知所谓社会主义，不仅是劳工的不平之鸣，不仅是被掠夺者的企图报复的举动。这是在学理上、事实上，有圆满根据的一种人的运动。一切社会主义的运动，都须从这一点着眼，才可谓社会主义的社会主义。"然而，这时恽代英眼中的社会主义思想还不是马克思主义的。"我信人类的共存，社会的联带，本是无上真实的事。那便与其提倡争存的道理，不如提倡互助的道理。因为人类只有知道人群的真意义，才能为社会福利去求社会的改进。这才可盼望是社会上长治久安之道"。恽代英明确表示支持社会主义，不支持个人主义，这是正确的。

　　这一时期，恽代英对自己信仰的无政府主义、新村主义、工读互助团开始持怀疑和批判的态度。他在《怎样创造少年中国（上）》一文中指出："若我们一天天走受掠夺的路，却谈什么无政府主义，这只是割肉饲虎的左道，从井救人的诬说。"党的早期领导人也帮助恽代英尽快放弃新村主义，走向马克思主义的道路。1920年年底，陈独秀在与张东荪的假社会主义论战时，对恽代英的《未来之梦》提出了尖锐的批评，指出："在社会的一种经济组织生产制度未推翻以前，一个人或一个团体决没有单独改造的余地。试问福利耶以来的新村运动，像北京工读互助团及恽君的未来之梦等类，是否真是痴人说梦？"使恽代英受到很大震动。这时，刘仁静也从北京给恽代英写了一封长信，批评了他的空想的"社会主义天国"，指出中国革命要想获得成功，必须走苏俄的道路。1921年年初，沈泽民在给恽代英的信中用马克思主义的观点批驳了教育救国论，指出："教育问题，正如一切问题一样，非把全部社会问题改造好了，是不得会解决的。"林育南也两次致信恽代英，赞成用阶级斗争解决社会问题，并对《未来之梦》中的一些观点提出了批评。他说："我们的理想是仿佛对的，但审查社会情形和我们的力量，恐怕终久是个'理想'，终久是个'梦'啊！"1921年1月，恽代英受陈独秀之托翻译了《阶级争斗》一书，这本书正确地阐述了马克思的阶级斗争学说，翻译的过程使恽代英受到深刻的马克思主义理论洗礼。他对同伴们说："我们已经多次谈过'未来之梦'，凭自己的想象，描绘了人类的未来。但我们的知识不多，我们还只是从古人的传说里寻找那个理想世界。可是这本书就不同了，它是从现实生活中寻求人类的合理世界。这本书让我大大开阔了眼界，从中懂得了许多从未接触过的问题，向我们提供了很多新思想、新知识，如：对商品与资本、劳动阶级和资本阶级的分析、劳动者家庭的瓦解、劳动后备军、生产过剩……比我们常谈的'未来之梦'切实多了，丰富多了，也伟大多了。这本十多万字的小书，向我们描绘了劳动阶级和资本阶级激烈争斗的图景，这对我们来说，还完全是个新的境界。"恽代英在革命实践的挫折中，在朋友们的帮助下，思想上发生了深刻变化。1921年6月29日，他在回沈泽民、高语罕的信中，完全同意沈泽民有关教育的论点，赞扬他看问题深刻透辟，"目光如炬"。他写道，反动统治阶级控制下的教育，只是为学生"造了个刮地皮、杀人的资格"。"我因这些见地，真觉这种多少有些饭碗主义的形式教育，是没有希望的。我在此本可以说一切圆满；我敏锐的感觉，深刻的观察，已令我感了无量的苦痛。"他愤慨地说："我决不容与迷信旧教育的魔鬼一同办旧学校了。"至此，他彻底抛弃了仅仅依靠"教育救国"的思想。

1921年7月16日，恽代英与林育南等先进青年举行6天会议，共"议主义及宗旨"，经过热烈的讨论，决定成立"共存社"，宗旨是"以积极切实的预备，企求阶级斗争，劳农政治的实现，以达到圆满的人类共存为目的"。共存社的宗旨明确承认阶级斗争，拥护无产阶级专政，以实现没有剥削和压迫的共产主义为最终目的。它的成立，标志着恽代英走上了马克思主义的道路。

从互助社到利群书社再到共存社，短短几年的时间，恽代英的思想经历了由革命民主主义向马克思主义的转变。通过革命的实践，他从五光十色的社会主义思潮中，穿过无政府主义、新村主义迷迷蒙蒙的晓雾，见到了光芒四射的太阳——马克思主义。

"南国大地，黄埔军校峥嵘岁月稠"

1926年1月初，一艘由上海开往广州的海轮乘风破浪前进。恽代英穿着那件标志性的灰布大衫，从舱里走到甲板上，依在船舷旁，眺望浩瀚无垠的大海。此刻，他的心随着起伏的浪涛，汹涌激荡。广州人民英勇斗争的革命历史一幕幕展现在他的眼前：三元里人民高举义旗，抗击侵略者；孙中山先生领导人民，百折不回，艰苦卓绝；省港大罢工的春雷，震撼世界，谱写了世界工人运动史的雄伟篇章；这里还是国共合作的基地，革命的洪流由此发源，汹涌全国……想到这些，他更加渴望早日到达秀丽的羊城，投入新的战斗。

1926年1月4日，国民党第二次全国代表大会在广州正式开幕。在出席会议的258名代表中，共产党人和国民党左派占了绝对优势。国民党"二大"设有中共党团，恽代英为中共党团的干事之一。在这次会议上，恽代英以173票当选为国民党中央执行委员。同时当选的中央执行委员和候补中央委员的共产党人还有李大钊、林伯渠、吴玉章、毛泽东、董必武、邓颖超、夏曦等。19日大会闭幕，恽代英发表了重要演说。他总结了国民党"一大"以来的经验教训，说：第一次大会虽然很好，但仍有许多缺点，最易见的还是缺乏森严的纪律，因而两年来，对违背本党纪律的分子，中央执行委员会毫无办法去制裁他。恽代英强调会议通过的决议案，不是说空话，而是要执行的。他表达了中国共产党人誓为实现彻底的民主革命的纲领而奋斗到底的决心，驳斥了国民党右派攻击共产党、歪曲孙中山三民主义的谰言。他说，如果国民党一旦叛变革命，他就要毫不犹豫地起来斗争。恽代英这铿锵有力的讲话，表明了他虚怀若谷、旗帜鲜明、革命到底的坚定立场和献身精神，获得了热烈的掌声。

国民党"二大"后，恽代英留在广州，像搏击长空的雄鹰，迎着时代的风云，展翅飞翔。广州，这座秀丽的南国重镇，在那波澜壮阔的大革命时代，一度成为中国大革命的策源地。恽代英和毛泽东、周恩来、陈延年、张太雷等许多中国共产党著名政治活动家以及宋庆龄、邓演达等国民党左派人物在这里并肩战斗，谱写了新篇章。

恽代英以国民党中央执行委员的身份，参加了国民党中央的领导工作和社会活动。2月17日，他出席了国民党中央执行委员会举行的欢迎省港罢工工友代表大会，发表了热情洋溢的讲话。这年春，他应国民政府东江行政委员、东江各地党务组织主任周恩来电邀，赴东江出席东江各属行政会议。2月21日，以国民党中央委员的身份出席指导潮汕海陆丰各县党市部代表大会。

他在东江、潮汕逗留的半个月中，广泛接触了社会各界人士，进行调查研究和宣传教育工作。他和周恩来建立起的真挚友谊，正是从这个时期开始的，他对周恩来卓越的军事才干和政治魄力深为钦佩，在《旅行潮汕的感想》的文章里，他热情地颂扬了在周恩来领导下取得成绩斐然的东江军政当局。

恽代英还在李富春同志任班主任的中国国民党政治讲习班讲课，主讲《中国政治经济状况》《五卅运动》；在毛泽东同志主办的广州第六届农民运动讲习所讲授《中国史概要》和时事政治；在邓中夏任院长的劳动学院讲授《中国民族革命运动史》。恽代英的《中国民族革命运动史》和萧楚女的《帝国主义侵略中国史》是我国最早运用历史唯物主义观点论述中国近代史的专著。恽代英通过对中国近代历史的论述，告诉人们：第一，中国近代史是中华民族受资本帝国主义侵略压迫的历史。帝国主义的侵入是中国沦为半殖民地半封建社会的最根本的原因。第二，中国近代史也是中华民族反抗资本帝国主义侵略的民族革命史，近代中国人民群众是中国近代历史的推动者。第三，研究中国近代史的根本目的在于，总结历史经验，推动中国正在进行的民主革命运动。恽代英通过从鸦片战争到北伐战争八十余年历史的回顾，进一步探索了中国革命的规律。这个讲义经整理后，约四万字，于1927年3月15日由国光书店出版，影响很大。

恽代英根据党的决定，参加了中共广东区委的领导工作。他十分关心青年、重视学校的工作，亲自到中山大学和各中学指导工作。恽代英经常赴共育团广东区委研究指导青年工作，热情为李求实主编的区团委机关刊物《少年先锋》撰稿。从《少年先锋》第一卷第一期至第十期的初步统计，他在上面发表的文章达14篇之多，仅第一期上，就有3篇。这些文章的主要内容都是教育共产党员、共育团员和革命青年要正确认清形势，坚持革命斗争，树立远大理想，正确对待人生、恋爱，为共产主义而奋斗。

恽代英在一篇题为《主义》的短文中说，现在是革命的高潮时期，人人都高兴讲一点主义了，主义二字，真是"洋洋乎盈耳哉"！"主义真是一个有力量的东西。人每每因为一种革命的主义能解决自己与社会的痛苦，不惜牺牲一切为主义而奋斗。多少被压迫者集合在这种主义的旗帜之下，多少革命的志士为了主义流血呵！"他告诫广大青年们切要小心，"魔鬼现在亦看得眼红了！他们亦会造一种空洞的主义来抵制我们了！我们要为实现革命的主义而奋斗，打倒反革命的主义！"

1926年5月，恽代英来到黄埔军校，担任政治主任教官，负责"督同各教官及有实施政治教育全部大权"。在他和熊雄等同志领导下，军校成立了党的领导——中共特别委员会（即中共党团）。恽代英任书记，熊雄、聂荣臻（政治部秘书）、陈赓（步科一团七连连长）、饶来杰（图书管理员）等四人为委员。他还未到黄埔军校工作时，就在黄埔军校的刊物《革命军》第十期上发表了《党纪与军纪》重要文章，强调军队"要明了而服从党的主义，在党的指导之下与中国民族的仇敌作战，每个同志要服从党纪、服从军纪。任何一个高级长官想引导军队走到反革命的路上去，我们军队中的同志都应当拿出党纪来制裁他。"恽代英在黄埔军校领导共产党员、青年团员，团结国民党左派和进步学员，沉着冷静与蒋介石之流进行有理、有节的斗争。他身为政治主任教官，利用政治教育课程和其他一切方式教育学员要站稳革命的立场，不要受反动派的蛊惑，坚决贯彻孙中山先生联俄、联共、扶助农工的三大政策。

为了加强政治教育工作，在恽代英的领导下，黄埔军校特设政治科，安体诚、萧楚女、张秋人等共产党员和国民党左派为政治教官。经他们的努力，学校形成了较完整的政治教育体系。恽代英特别重视学生的政治思想教育。这里的学员，大多来自青年学生，他们有革命的热情和积极性，同时又存在着小资产阶级的各种缺点。他们在投考黄埔军校的目的上，就存在许多不正确的观点。恽代英为此写了一篇文章，题为《告投考黄埔军校的青年》，刊登在《中国青年》第一四五、一四六合期上。一方面，他充分肯定了广大革命青年投考黄埔军校的热情；另一方面，他指出，不要抱着黄埔军校如"天国"的幻想，更不应抱着到黄埔军校是"找出路"的念头。他说："青年最要紧的精神，是要与命运奋斗，要在任何环境中间都能够解决自己乃至于中国的问题。"对于已入校的学生，他总是循循善诱，诚恳地批评、教育他们克服自身的缺点和存在的一些不正确的观念。例如有些学员讲绝对"自由、平等"，恽代英启发他们：国民政府为什么每年要拿出几百万元的款来办理这所学校？为什么要拿这样多由农人的脂膏和工人的血汗所得来的租税来供养这二三千学员？是专为二三千学员谋自由吗？要是四万万人都不能自由，我们也得不到真正的自由。我们是工农用血汗培养起来的，因此也没有任何权利要求比工农"要自由多一分一毫"。

在黄埔军校，恽代英还先后编写了《本党重要宣言训令之研究》《国民革命》《政治学概论》《政治讲义大纲》《党纪和军纪》《军队中政治工作的方法》等书和文章，就军队的建设问题，作了重要论述。恽代英当时作为军校的政治教官，深受学生的欢迎，被视为"青年运动之师"，在黄埔学生中威望很高。在校的学生中的绝大多数人，都曾读到过他在《新青年》上的文章，早就建立起一种对青年导师的无上信任。恽代英当时教授《社会科学概论》，这门大家都认为是新鲜的课程，实际上是历史唯物论与辩证唯物主义的综合科学，是富有哲理的课程，文化程度低的，是不容易听懂的。可是恽代英一上台，经过深入浅出地一番讲解，几乎没有一个不懂的。他讲课的本领不照本宣科背诵讲

恽代英肖像

义，而是善于联系实际，善于对比，深受学生的欢迎与敬重。

1926年7月，广州国民政府在中国共产党的推动和组织下，开始了轰轰烈烈的北伐战争。国民革命军北伐后，恽代英奉令留守广州，以支援前线巩固后方。为此，恽代英做了大量的工作。

"我愿我的磷发出更多的热和光"

恽代英每年收入不薄，除工资、稿费外，他还翻译外文书籍。1924年第一次国共合作，恽代英在国民党上海执行部担任宣传部秘书。他每月薪水120块大洋，当时一般大学教授的月收入大概50块大洋，然而恽代英却极其节俭。"他房间里很简单，床上铺的被褥是布面的，书桌上只有几本中西文书籍。除了一副近视眼镜和一只手表，其他一无所有"。不过，他却常慷慨资助学生，接济他人。1930年4月，中共中央准备在上海发动工人暴动，恽代英被安排到上海沪东区任区委书记。作为沪东区委书记，恽代英每天穿着破旧的短衫褂、破皮鞋，出没在杨树浦一带的工厂里做群众工作。他满身灰尘，脸上带着伤痕，很晚才回到一间9平方米的简陋住处，显得疲惫不堪，进门后两手捂着胸不停地干咳。看到患有肺病的丈夫日渐消瘦，妻子沈葆英非常担心。恽代英却说："我们是贫贱夫妻，我们看王侯如粪土，视富贵如浮云，我们不怕穷，不怕苦。我们要安贫乐道，这个道就是革命理想，为了实现它而斗争，就是最大的快乐。我们在物质上虽然贫穷，但精神上却十分富有。""我们天天都有风险……担惊受怕，甚至连条被子也没有，没有钱，没有固定收入，没有自己的房子，什么也没有，只有一颗火热的心，这就是我们的革命生涯。"夫妻俩在腥风血雨的斗争中携手并肩、相濡以沫。

早在黄埔军校时，恽代英就被蒋介石认定为"黄埔四凶"之一，被国民党重点缉拿，现在却天天在敌人的鼻子尖前抛头露面，这无异于自投罗网。妻子低声问道："你明天还去工厂吗？不能不去吗？我真是不放心啊！党要我保护你的安全，可是，我……"她声音几度哽咽。恽代英说："党的事业现在处在最关键的时候，群众在受难，在流血。为了让群众尽量少流血，我不能临阵脱逃。"想起死难的战友，他进而激愤地说道："我不能力挽狂澜，只能献身堵口……革命志士的血，能够增长同志的智慧，擦亮勇士的眼睛。但愿人们能够从血的代价里很快地醒悟过来，我们的事业还是有希望的。我为此而献身，也是死得其所！"恽代英深知，越是困难时期，越不能离开群众，越要深入到群众中去，帮群众解决实际问题。

1930年5月6日，恽代英在上海被叛徒顾顺章出卖不幸被捕。蒋介石非常赏识恽代英的才华，也清楚他在共产党中的影响力，他特地派军政部陆军署军法司长王震南到狱中提审恽代英。王震南对恽代英说："恽先生，你是国民党中央执行委员，是中国青年的领袖，是国家杰出的人才，我们很器重你。你能回来工作，决不会亏待你。"王震南是蒋介石的亲信，他的话极有分量。一边是高官厚禄，一边是革命信仰，生死抉择之间，恽代英毫不含糊，义正辞严地答道："我是共产党员，必须革国民党反动派的命。这就是我现在的庄严任务！"

恽代英视死如归。狱中，他还说过这样一句感人肺腑的话："我身上没有一件值钱的东西，只有一副近视眼镜，值几个钱。我身上的磷，仅能做四盒洋火。我愿我的磷发出更多的热和光，我希望它燃烧起来，烧掉过老的中国，诞生一个新中国！"对他知之甚深的萧楚女评价道："像恽代英这样的人，在古往今来的圣贤中很少见，只有墨子有点像；恽代英就是现代的'墨子'。"恽代英好友郑南宣回忆说："凡是代英所主张所提倡的事情，他总是以身作则。他对我谈到墨子，说墨子主张摩顶放踵以利天下。他就是以这种精神宣传马列主义，传播革命种子。"

1931年4月29日，恽代英走完了人生最后的历程。临刑前，他写下了气吞山河的绝命诗："浪迹江湖忆旧游，故人生死各千秋。已摈忧患寻常事，留得豪情作楚囚。"恽代英一生短暂，但他的高尚情操和光辉业绩永垂青史，他对革命事业的耿耿忠心，党和人民永远不会忘记。1950年，周恩来为纪念恽代英殉难19周年题词，对其一生作了高度评价："中国青年热爱的领袖——恽代英同志牺牲已经19年了，他的无产阶级意识，工作热情，坚强意志，朴素作风，牺牲精神，群众化的品质，感人的说服力，应永远成为中国革命青年的楷模。"

编者点评

　　我们追忆历史，缅怀先辈，不仅仅是要感悟恽代英的一言一行，更重要的是，要将其作为明镜，比照自身。如今的我们生活在一个和平的年代，在那个战火纷飞的年代，英雄们所追求的乃是中华民族之大利，而不是一己之蝇头小利。作为新时代的青少年，要牢记"忧劳兴国、逸豫亡身"，做到敢于吃苦、勇挑重担；牢记"天下大事、必作于细"，做到脚踏实地、不好高骛远；牢记"艰难困苦、玉汝于成"，做到迎难而上、百折不挠，紧紧围绕祖国"两个一百年"的奋斗目标，以一种勇立潮头的浩气、超越前人的勇气、与时俱进的朝气，矢志不渝地朝着实现中华民族伟大复兴中国梦的宏伟目标奋勇前进。

彭 湃

生于理想，死于理想

星仔说历史

　　面对空前的民族危机，中华民族的有识之士开始觉醒。1921年7月，中国共产党以崭新的形象走到了历史舞台的中央。自此，一大批中华民族的优秀儿女汇聚在党的鲜红旗帜下，他们许多人从一开始就抱定了"为革命，虽死不悔"的念头。

　　彭湃（1896—1929），乳名天泉，原名彭汉育，广东省海丰县城郊桥东社人（今广东省汕尾市海丰县海城镇），曾用过王子安、孟安等化名。彭湃同志是中国无产阶级革命的先行者之一，是中国共产党早期农民运动的主要领导人之一，海陆丰农民运动和革命根据地的创始人。被毛泽东称之为"中国农民运动大王"。2009年9月，彭湃被评为100位为新中国成立作出突出贡献的英雄模范人物之一。

　　彭湃出生于一个大地主家庭。1921年5月毕业于日本早稻田大学。回国后在广州参加中国共产主义青年团，后转为中国共产党员。1921年夏天创办了"社会主义研究社"；1922年组织"赤心小组"，出版《赤心周刊》；同年7月29日组织了中国第一个农会组织——著名的六人农会。曾任海丰县总农会会长，广东省农会执行委员长，广州农民运动讲习所第一届和第五届主任，广东农民自卫军总指挥，中共东江特委书记，江苏省委常委兼省委军委书记，中共中央农委书记，中共五大中央委员，中共六大中央委员。是著名的"八一"南昌起义领导人之一，是我党早期无产阶级革命家和中国农民运动的杰出领袖。后在上海因叛徒告密被捕，1929年8月30日在上海壮烈牺牲，时年仅33岁。

书生去国为图强

彭湃身材适中，长得很俊秀，椭圆形的脸孔，耸直的鼻梁，两道俊眉，配着一双明澈的眼睛。他自幼很聪明，他的祖父最爱他。留学日本时改名彭湃，其意是要像浩瀚澎湃的大海，去冲刷黑暗社会的污泥浊水。

彭湃肖像

鸦片战争以后，中国逐渐沦为半殖民地半封建的国家，在帝国主义和封建主义的残酷剥削压迫下，中国人民陷于水深火热之中，西欧的资产阶级民主思想传到中国，在知识分子中产生了很大的影响。生活在这样社会环境里的彭湃，在青少年时期就开始具有强烈的爱国主义思想。当时海丰县是广东社会矛盾尖锐之地，官绅横行不法，鱼肉百姓。自小生活在这里的彭湃，目睹了巨大的两极分化，产生对社会的不满和困惑，也萌发了追求社会公平正义的理想。

1917年夏天，为了寻找救国救民的良药，彭湃到日本留学。1918年考入东京早稻田大学攻读政治经济专业。这个时候，日本帝国主义正在加紧对中国的侵略，彭湃满怀着爱国热情，经常和留日的同学一起议论时事，探讨问题。后来他们又听到了俄国十月革命成功的消息，眼界更加开阔，前进也有了新的方向。

在日期间，彭湃积极参加中国留学生的反帝爱国活动。1919年，在北京爆发了五四爱国运动，彭湃和在东京的中国留学生，也积极响应。5月7日下午，他们一千余人高举着标语、旗帜，在东京市内举行游行示威，反对巴黎和会，还决定到各国驻日本的使馆去投递《宣言书》。

"打倒军阀！""直接收回青岛！""保持永久和平！"彭湃和同学们一道，高呼着口号，行走在游行队伍中，他们正要去各国驻日使馆投递《宣言书》的时候，被日本武装警察包围了。这群家伙，手持木棍、马刀乱砍，学生们当场被打伤、砍伤不少，彭湃也受了伤，但是他们依然勇敢地和武装警察搏斗，最后，游行队伍被打散了。

彭湃摆脱了日本警察的追捕，回到宿舍。他的心久久不能平静，胸中的怒火在燃烧。为了记住这刻骨铭心的国耻，他找出一块白布，猛地一下子把手指咬破，用鲜红的血，在白布上写下四个大字"勿忘国耻"，同时附上一封信，马上寄回海丰县学生联合会，让故乡同学都记住这国耻大恨。不久，海丰县学生联合会的布告板上，张贴了彭湃写的"勿忘国耻"的血书。它，激励着海丰县广大学生的爱国热情，使不少青年走上了反帝、反封建的革命大道。

留日期间，彭湃一直在寻找解决社会阶级矛盾的方法。后来，他从日本的社会主义者那里了解到马列主义。他认定，只有进行民族和民主这两重革命，才能解放中国的社会。

彭湃的五弟彭泽与彭湃一同留学日本，他在《往事的回忆》一书讲述当时彭湃在日本的情况："他初到日本时，穿的是笔直的西装，吃的也很讲究。自从他钻研马列主义和参加国际无产阶级运动之后，他穿衣服很随便，吃的也很简单。"

1921年，彭湃回国后在广州加入社会主义青年团（后转为中国共产党党员），接着又在海丰发起组织"社会主义研究社""劳动者同情会"。9月1日，创办《新海丰》刊物，宣传革命思想。

1922年，他被任命为县教育局局长。他亲自用毛笔画了一幅马克思的巨像挂在教育局内，表示他要以社会主义为指导，改造中国社会的坚定决心。刚上任不久，他就组织县城学生高举写有"赤化"的红旗，举行"五一"劳动节游行。海丰的官绅大感惊骇，县政府马上罢了他的职。彭湃不在乎丢官，5月14日，他创办《赤心周刊》，向学生宣传社会主义，并在该刊第六期发表《告农民的话》一文，决心到农村去发动农民起来革命。彭湃怀揣救国救民理想和马克思科学社会主义学说，面对现实写下奋斗誓言：愿消天下苍生苦，尽入尧云舜日中！

甘从富豪变成穷人

彭湃出生在大地主之家，家中有钱有势，每年收入千余石租，统辖男女老少不下1500人，家里平均每个人有50个奴仆。就是这样一位"公子哥"，却成为"败家子"。

彭湃从日本留学回来后，开始从事农民运动。1922年夏天，海丰农村的田间地头，忙碌着的农民兄弟总能看到一位穿着学生装、头戴白通帽的"斯文人"。这位"斯文人"，就是彭湃。尽管他极力想融入农民中，却始终无法与农民亲近。于是，学生装换成粗布短衫，白通帽换成破斗笠。彭湃光着脚板，踩着泥泞的田间小路，再一次深入到农民之中，发动和组织农民参加革命。

这个家庭本来期望从日本留学回来的彭湃，能做官发财，继承和发展祖业，为彭家增添光彩。现在看到彭湃不但不去做官，反而到农村去亲近农民，十分恼怒。有人气急败坏地骂彭湃："祖宗没积德，才会出了这样的不孝子孙！"彭湃的大哥竟恶狠狠地扬言，如果彭湃不听劝告，一定要和农民混在一起，他就要把彭湃打死……

社会上的恶势力也到处散播流言蜚语，造谣说，彭湃因为被撤掉了教育局局长的官职，气得发了神经。家庭和社会上的种种威胁和阻挠，都丝毫动摇不了彭湃既定的志向。

为了专心从事农民运动，彭湃毅然决定和妻子离开地主的老宅，搬到一所原是用来堆积杂物的旧房子里，与地主家庭断绝了关系。他把自己的住处收拾得很干净，室内的家具十分简单，只有一张挂着粗麻蚊帐的木板床、一张书桌、一张椅子、一条长凳子。墙上挂着他自己画的马克思和列宁的像。他还在屋前种上果树和花。他把住处取名为"得趣书室"。

怎样去接近农民？怎样才能使农民信任自己呢？这是彭湃搬家后接着要解决的一个重要问题。他日夜为这个问题思考着。他想着、想着，终于想到了"田契"——这是农民身上的枷锁。他想，如果把田契交还给农民，让农民自耕自食，再也不用交租，这样农民总可以相信自己是真心诚意为他们谋福利吧。于是彭湃决定把家里分给他的所有田契，分别送还给他的佃户。

彭湃带着田契下乡去了。他找到他的一家佃户，这家老小正在门口吃饭，一见彭湃走来，全家都慌忙放下饭碗。一个九岁的男孩，躲在了墙角蹲着。一个三岁的女孩害怕地把头藏在妈妈的怀里。老佃户忙着用袖子擦着凳子，不自然地笑着说："先生，请坐！"彭湃实在过意不去，连忙答道："不客气，你们吃饭吧。"可是他们怎么也不敢吃。彭湃就坐下来对他们说，自己是来还田契的，他们有了田契，以后就不用缴租了。老佃户不敢相信，他求饶地说："先生！你就饶了我们吧。我们不懂规矩，有什么失礼的地方，请您包涵点，高抬贵手，放过我们吧。"尽管彭湃把话说得那么诚恳，这个老佃户还是不相信，不敢接受田契。彭湃只好毫无结果地走了。就这样，一天找了好几家佃户，手里的田契一张也没有送出去。

后来彭湃一直在思考怎样才能接近农民，他终于想出了一个办法。一天傍晚，彭湃召集他的佃户们到"得趣书室"来。彭湃手举着田契，对大家说："地主和官府勾结，抢夺了你们开垦出来的田地，强迫你们交租，还立下田契作为凭证，对你们进行剥

削，这是极大的犯罪。现在我把所有的田契烧毁，以后你们就可以自耕自食，不用缴租了。只要大家团结起来，共同奋斗，就一定会有出头的日子。"说完就点起火来，把田契烧掉了。

为点燃农友参加革命的热情，彭湃当众将田契全部烧掉，把土地分给农民，从此成为和大家一样的无产者。熊熊的火光，照耀着农民们喜悦和惊奇的脸，彭湃的行为，使在场的农民们深受感动。甘愿从富豪变成穷人，试问几人有此勇气？他赢得了农民的信任，农民革命的熊熊烈火从海丰燃起。

彭湃领导创建的广东农民运动，是大革命时期全国农民运动的先声，有力地推动了国民革命的迅猛发展，他被毛泽东赞为"中国农民运动大王"。

就义留书党中央

翻开尘封已久的历史，被时光晕染的英烈书简，依旧散发出夺目的理想信念之光。这束光——是彭湃等人在上海狱中联名给党中央写的信，是宁为革命牺牲自我的精神。

1928年7月，中国共产党召开了第六次全国代表大会，总结第一次国内革命战争的经验教训，规定了党在新时期的战斗任务和策略方针。会上，彭湃被选为中央委员会委员。11月，彭湃奉命赴上海党中央工作，任中央农委书记。

然而，1929年8月24日，因叛徒白鑫出卖，彭湃和党中央委员杨殷，上海市总工会工人纠察队副总指挥张际春，江苏省委员会军事部的颜昌颐、邢士贞等五人，在上海新闸路经远里开会时被捕。

从被捕那一刻起，他便开始与死神赛跑，短短一周，饱受酷刑折磨，但仍不忘为革命事业贡献最后一份力量：向押解的士兵、狱卒们做宣传工作；鼓励在狱战友们保持革命信心，努力为党工作；建立内外通讯网，取得与党组织的联系。

解押途中，彭湃抓住机会进行宣传，使押送他们的士兵深受感动，有的表示了尊敬，有的表示了同情，吓得押送的小头目赶紧下令，禁止士兵和彭湃接近。在监狱中，他受尽酷刑，两条腿都被打断了，却依然向狱内群众和国民党士兵宣传革命主张，使得看守士兵们深受感染。谈至激昂处，他便带领众人齐唱《国际歌》和少年先锋歌，歌声震荡全所，使得一贯愁苦惨淡的监狱，成为激昂慷慨的战场。狱中众人都深受影响。彭湃甚至还争取到了一位看押犯人的士兵，成为他与外面联系的"交通员"。

他把敌人的法庭当作讲坛，痛斥国民党反动派的罪行，反驳敌人的诬蔑，揭露反动当局的谎言。面对敌人的威逼利诱，彭湃坚毅地回答审问者："我们共产党是代表工农人民大众的。全国的工农大众，在共产党的领导下，一定要向你们讨回血债！""只要我还有一口气，我就要为共产主义事业奋斗到底！""不久的将来，一定能够推翻反动的统治，建立全国的苏维埃政权。""为了我们的子子孙孙争得幸福的生活，就是献出了自己的生命也是在所不惜。"

周恩来同志曾积极组织营救彭湃，派人埋伏在刑车经过的途中，但未成功。

1929年8月30日，在临刑当天的早晨，在生命的最后时刻，彭湃同杨殷联名给党中央写了一封信，让党组织停止营救。信中报告狱中斗争的情况并提

出营救同志的意见，信中表示，如果党组织不能营救同时被捕的五位同志，那么可以牺牲彭、杨二人，而设法营救出其他三人。

当从狱卒中得知自己将被杀害时，彭湃泰然地说了一声："这是意料中的事。"他对狱友说："你们要坚持战斗到底，让共产主义在中国的土地上开花！"然后马上给中共中央领导人周恩来写了一封信："我此次被害，已无法挽救。我现精神甚好。兄弟们不要为我牺牲而伤心。望保重身体，为我们的事业战斗到底！安。"严刑拷打，九次昏厥，在信中却说精神很好。或许在彭湃同志看来，与革命信念和共产主义信仰相比，摧残肉体的做法不过是小人之为。此时他已将个人生死置之度外，所思所想只有党的事业和同志的安危！

彭湃还给妻子许冰写了最后的诀别信："冰妹：从此永别，望妹努力前进，兄谢你的爱！万望保重！余言不尽！"千言万语、万般情愫无需言明，他最牵挂的仍是革命事业。在生命的最后，他还是希望爱人能继续努力前进，为党、为国家、为下一代的幸福奋斗！

彭湃狱中的三封信，反映彭湃同志被捕后在狱中的斗争，以及他牺牲前对党的事业的忠诚，对同志们的热情和爱护，对共产主义必然胜利的信念，这是他共产主义思想达到了最高峰的表现。

行刑时，他吟唱《国际歌》，高呼革命口号，英勇就义，用生命捍卫了共产主义的崇高信仰。

11月11日，周恩来指挥中央特科人员处决了出卖彭湃的叛徒白鑫。这为死难的烈士报了仇，也狠狠打击了叛徒和特务的嚣张气焰。

彭湃同志是伟大的无产阶级革命家，是忠诚的共产主义战士，他短暂的一生，是壮烈光辉的一生！彭湃是"一个生死于理想的人，他靠理想活着、工作着，最后也为理想欣然死去"（钟敬文），他的革命理想和行动，深深地影响和改变了他的家庭，家人也从不理解到同情、支持，再发展到前赴后继，生死相随。1928—1933年，彭湃一家有六位亲人先后为革命事业献出了宝贵生命。

编者点评

作为南粤大地的骄子，彭湃为救国救民于苦难，毁家纾难，舍己为党，投身于民族独立和人民解放事业，用鲜血书写了中国共产党人的初心和使命。

同许多革命先烈一样，彭湃最令人敬仰的是他坚定的革命信念。为了信仰，彭湃背叛生活优渥的家庭，走上艰苦的革命道路。为了心中的理想和坚定的信念，彭湃在革命最艰难的时候矢志不移，甘愿牺牲一切，最终慷慨对敌，从容赴死。理想与信念、公平与正义是彭湃一生的追求。而生于理想，死于理想，是彭湃短暂而伟大一生的真实写照。

阮啸仙

广东青年运动的先驱

星仔说历史

　　20世纪20年代，在中国社会运动最蓬勃的时期，广东成为中国革命的中心区域，经历了中国共产党的创建、中国社会主义青年团的成立、第一次国共合作、土地革命的风暴和北伐战争的枪林弹雨。

　　阮啸仙（1897—1935），原名熙朝，字建树，1897年8月17日出生在广东省河源县义合乡下屯村。阮啸仙是我党早期杰出的无产阶级革命家，广东青年运动的先驱，大革命时期著名的农民运动领袖，人民审计制度的创建者和奠基人，第一任中央审计委员会主任，中共三大、五大、六大代表，中央红军长征后，阮啸仙被留在中央苏区，担任中共赣南省委书记兼赣南军区政治委员，1935年3月6日，阮啸仙率部突围时，在江西信丰县壮烈牺牲，年仅38岁。阮啸仙同志为党和人民的事业奋斗一生，用行动诠释了革命家的精神境界，被评为100位为新中国成立作出突出贡献的英雄模范人物之一。

志若云天，踏上革命道路

　　阮啸仙，家中兄弟5人，他排行老三。在祖父这一辈，阮家还是比较富裕的，祖父阮济垣曾花钱捐了一个"奉直大夫"的官衔。他61岁寿辰时，有人撰文赞扬他处世温和，富而无骄，宽而能忍，乐于仗义。父亲阮德如思想也比较开明。阮啸仙就是生长在这样一个家庭里，受其长辈言行的影响，从小不以富为骄。

约在1905年，他父亲和伯父分家以后，全家只靠分得的一分产业过活，因经管不善，日子越来越不好过，只得开设一间卖豆腐和油盐酱醋的"洪亨"小店，借以度日。一年冬末，正当阮啸仙全家人准备过春节的时候，伯父却上门逼债。父亲为供阮啸仙读书，借了伯父一笔钱，暂无法还清，便求兄长宽限些日子。谁知伯父六亲不认，指着他父亲骂道："充什么大头！没钱还让孩子读书，不会让他捡牛屎！"阮啸仙觉得受到莫大的侮辱，幼小的心灵受到了创伤。后来他在《慈善事业说》一文中写到伯父这种人："富者自恃其有财，悖德嚣张，骄姿慎胸，傲气满腹，对于贫不自赡者，不特不恤之而已，且幸灾乐祸，借贫人凄凄惨惨之事，以资笑谈，甚至兄弟亲戚，一经贫穷，反眼若不相识。"

阮啸仙小时候很喜欢到农民家里串门，对他们的惨遇非常同情。有一次，他看到富人的牛踩踏农民的禾苗，使农民受到损失，心中忿忿不平，于是组织了一班穷人子弟轮流看护庄稼。

幼年的阮啸仙先在"洪事书屋"家塾念书，8岁时入本村"闻啸轩"学堂读书，"啸仙"的名字就是借"闻啸轩"而改的。后又到道南小学读书，道南小学当时有个叫阮益三的老师，参加过辛亥革命，思想进步，经常向学生宣讲国事，灌输革新的思想。这使阮啸仙开始认识社会，关心国家的命运，他在自己的砚盒上写下了"挥笔落下如云烟，意志坚强可敌天"的座右铭。

阮啸仙的长兄阮熙慈，青少年时代也比较激进。辛亥革命以后，他参加了本县的反袁农民起义。兄长的革命行动也给阮啸仙以很大影响。

初小毕业以后，因家庭贫困，阮啸仙曾一度辍学，这期间他一边劳动，一边坚持自学，常常到深夜。其父阮德如被儿子的求学精神所感动，就四处筹钱，送他到河源县城的三江高等小学读书。这期间，学校的进步教师、革命党人李岐山、黄镜仁等人对阮啸仙影响极大，他的思想进步很快。他在作文里曾写道"以爱国之心为敬业之心，修其心德，扩其知能，强其躯干"，表现了他远大的理想抱负。他还写下了《从师解惑说》《学生知爱国之道说》《为富当恤贫论》等作文，立意高远，文笔精美，被国文先生称为"脱胎前辈"之佳作，从中也可以看出他"常念国家之贫弱，人民生活之艰辛；推崇民族英雄；主张变革，振兴实业"的思想主张。

1918年秋，阮啸仙从三江高小毕业后，恰逢广东省立甲种工业学校招生，因该校免收学费，又供膳宿，阮啸仙去报考了，并以成绩第一的身份被录取，他进入了广东省立甲种工业学校机械科学习。恰在此时，马克思主义开始传入中国，阮啸仙开始认真阅读《新青年》等进步杂志，在学校内，他还与周其鉴、刘尔崧等一批先进青年结成好友，共同学习马克思主义，探讨国家大事。1919年，五四运动爆发后，阮啸仙作为广东省立甲种工业学校学生会的主要负责人，领导全校学生冲破种种禁锢投入运动之中；5月25日，阮啸仙代表广东省立甲种工业学校学生在广州各校学生集会上讲话，力主响应北京的学生运动，走出校门，积极投入反帝爱国斗争。他和刘尔崧、周其鉴等人一起，发起组织了"广东中等以上学校学生联合会"，担任学生联合会的执行委员之一，领导广东的爱国学生运动。他们发动广大爱国学生冲出校门，上街发表爱国演说，散发爱国传单。阮啸仙还组织宣传队到梧州、南海、佛山等地，向群众进行广泛宣传，声讨卖国贼，抵制日货。

然而，学生联合会和进步学生的爱国行动却遭到校方和政府当局的蛮横干涉，校方勾结警察厅开除了阮啸仙、刘尔崧、周其鉴等7人的学籍。

阮啸仙回到家乡，应聘在道南小学代课。代课期间，他教导学生要勤奋读书，有一技之长将来才能报效国家。他还常常通过一些实际事例揭发压迫剥削劳苦民众的官僚军阀与地主豪绅，启发学生的阶级觉悟。

自阮啸仙等人被开除学籍后，全校进步师生和广州地区各校学生进行了大规模的抗议游行，广州舆论界和各社会团体也纷纷表示支持学生运动。最后，迫于社会压力，广东军阀陈炯明下令撤换了广东省立甲种工业学校的校长高仑，并恢复了阮啸仙等7人的学籍。于

阮啸仙肖像

是，阮啸仙又回到学校继续学习。

1920年8月，在广州任教的谭平山、谭植棠和陈公博积极响应时任中共第一个早期组织书记的陈独秀的号召，在广州筹建广东"共产党"，他们决定"第一步先组织广州社会主义青年团"。经广泛发动和联系青年学生后，1920年下半年广州社会主义青年团成立大会在广东高等师范学校举行。作为学生中的先进分子，阮啸仙在这年8月加入了广州社会主义青年团。他是广州社会主义青年团的第一批成员。

信仰坚定，投身青年团工作

广州社会主义青年团成立后，其成员中的多数人并不知道社会主义是什么，加入的目的完全是出于好奇，在所有的成员当中，有信仰马克思主义的阮啸仙、谭平山等人，但还有一些人是无政府主义者、工团主义者。为了宣传马克思主义，1920年10月20日，谭平山、陈公博等人在广州创办了《广东群报》，中国共产党成立后，该报成为第一份省级党报。《新青年》称赞，这是南中国的"一朵奇葩"。阮啸仙思想非常活跃，1921年1月21日，他在《广东群报》上发表了题目为《我对于筹办各县自治的忠告》的文章。

1921年1月27日，陈独秀作为广东教育行政委员会委员长，应邀到广东省立甲种工业学校演讲，阮啸仙、周其鉴担任记录，并将记录稿整理发表在1月28、29两日的《广东群报》上。陈独秀抵广州后，还找到他的北大校友陈公博、谭平山等人，开始了创建广州共产党的工作。1921年春，广东马克思主义研究会成立，阮啸仙为该会主要成员。他天资聪慧，好读书，课余常读《社会主义》《阶级斗争》等书，故在同志中他的马克思主义理论水平较为突出。虽然广州社会主义青年团已经建立，但无政府主义者人数仍较多。1921年初，在陈独秀领导下，重建了以马克思主义为指导思想的广东早期党组织——共产党广东支部，陈独秀任书记。广州社会主义青年团由于团员宗旨不一致，于1921年3、4月自行宣布解散。

1921年7月上旬，陈独秀在广州素波巷广东省立宣传员养成所召开会议，决定出席中共一大的代表，会上，陈独秀指定陈公博和包惠僧赴上海出席中共一大。1921年7月，中国共产党成立，为五四运动画上了一个圆满的句号。

1921年7月，中共一大在上海召开。会上，中共一大代表提到党员太少，必须增加党员的数量。为此，中共一大决定在各地成立社会主义青年团，从团员中吸收进步分子入党。1921年8月，张太雷从苏联回到上海，根据少共国际的指示和党中央局的意见，主持恢复各地已解散的社会主义青年团的工作，还为此制定了团的临时章程。同年11月，党中央向各地发出了恢复和发展团组织的通告，并附上青年团的改造宣言和章程，临时章程规定"以马克思主义为中心思想"，要求各地从速进行建团工作。

在广东党组织的领导下，阮啸仙参与了恢复重建广东社会主义青年团的工作，协助谭平山，与谭植棠、杨匏安、刘尔崧等人一起紧张地工作，他们创办了《青年周刊》，开办了青年剧社，还成立了演讲队、劳动通讯社等。阮啸仙积极宣传马克思主义和青年团的宗旨，激发青年人的政治热情，1922年2月26日，阮啸仙在《青年周刊》创刊号发表了《青年自觉》一文，在文章中指出"资本主义一日未有打破，旧经济的组织一日未有铲除，则平民的痛苦也一天加紧一天；弱小民族的压迫，也一时不能解放"。为此，阮啸仙号召青年们"剔除烦恼，离去痛苦，应当从阶级斗争奋起，走到自由幸福的新社会来，完成你们人类生长的使命"。

谭平山、阮啸仙等人把原来解散的"广州社会主义青年团"更名为"广东社会主义青年团"，以广东社会主义青年团的旗号，在广州市乃至广东全省范围内发展团组织，经过努力，到1922年3月初，在广州市内发展团员400余人，其中包括了学生、工人、军人和妇女。他们还派人到肇庆、佛山、新会、东莞、蕉岭、梧州、南宁、汕头、琼州等地组织分团。随着团组织的逐渐壮大，谭平山、阮啸仙等请示临时团中央后，决定在1922年3月14日马克思逝世39周年纪念日，召开广东社会主义青年团成立大会。1922年3月14日中午12时，广东社会主义青年团成立暨马克思纪念大会在广州东园隆重举行。此后，阮啸仙更积极地投身广东青年团的工作，他积极写文章向广大青年宣传马克思主义，到青年学生和工人群众中开展团的组织工作，号召广大有志向的青年学生和工人群众参加社会主义青年团，并参与了重建和组织广东青年团的许多其他工作。

身先士卒，成为青年运动领袖

中国社会主义青年团第一次全国代表大会由设在上海的中国社会主义青年团临时中央局主持筹备，1922年2月22日，中国社会主义青年团临时中央局以代理书记的名义，向各地发出关于正式召开第一次全国代表大会的通知。原定4月在上海举行，后因广州政治环境较好，5月5日是马克思的诞辰，因此决定将全国大会延期到5月5日在广州召开。1922年5月5日下午1时，中国社会主义青年团第一次全国代表大会在广州举行开幕式，出席这次大会的代表共有25人，代表全国各个地方的团组织，另外还有2名外国代表。阮啸仙代表广东地区的团组织，出席了这次大会。

中国社会主义青年团第一次全国代表大会闭幕后不久，广州就发生了陈炯明叛乱。陈炯明自1920年开始就与孙中山在政见上产生了矛盾，为了阻止孙中山的北伐，1922年6月16日凌晨，陈炯明发动叛乱，炮轰孙中山居住的总统府。而这时的广东社会主义青年团才刚刚重建不久，各方面经验不足，在受到军阀陈炯明叛乱的影响下，有些团领导在陈炯明叛乱中犯了错误，而阮啸仙自始至终旗帜鲜明地支持孙中山。1923年10月，陈炯明从东江对广州进行反攻时，阮啸仙组织以广东社会主义青年团和新学生社社员为核心的"青年慰劳队"赴前线劳军。当"青年慰劳队"到达石龙前线时，为军阀杨坤如残部所阻，如果要再向前走，就有牺牲的危险。在这关键的时刻，阮啸仙毫不迟疑地亲自高举红旗，带头走在队伍的前边。

广东社会主义青年团的团员一度因缺乏领导，严重涣散，直到陈炯明叛军退到广东惠东一带，孙中山重新回到广州。中共中央和陈独秀决定委托阮啸仙在广州积极筹备成立社会主义青年团两广区委员会，领导广东、广西和香港地区的社会主义青年团组织。在阮啸仙的领导和周其鉴、刘尔崧等人的积极协助下，不久社会主义青年团两广区委员会正式成立。阮啸仙担任两广区团委会的首任书记，集中全力领导两广地区的青年运动，成为广东青年运动的著名领袖和先驱者。

1923年5月，阮啸仙致信团中央书记施存统，谈到当时的两广社会主义青年团时，阮啸仙说"我初接手，好像百孔千疮，不知从何做起"。随后，阮啸仙先提出计划，在征得党组织的同意后，即开始了整顿两广社会主义青年团的工作。

早在1921年10月18日，阮啸仙就撰写了《青年创造环境的工具》一文，署名"熙朝"，文章发表在《工业杂志》1922年第1期上。在文章中，阮啸仙分析了革命青年学生的历史责任、地位与作用，从"判断""进取""负责""朴实""奋斗""牺牲"六个方面，提出"我们做青年，是想做好的青年，为新社会的健儿，为主义的实行家，也许甘愿为旧社会恶环境的破坏者，坚忍卓绝，为破坏挡住新社会进行的障碍物"。可见，阮啸仙在没有负责广东社会主义青年团的工作之前，就有着自己一系列关于青年问题的理论。

负责两广社会主义青年团的工作之后，在组织上，阮啸仙非常注重民主集中制的原则。在筹备两广区团委会时，阮啸仙先通过串联发动，对团员进行重新登记，当团员有一定的组织和数量后，阮啸仙立即召开团员代表会议或团代表大会，确定今后一

个时期的工作任务，选出为团员群众拥护的区委执行委员会，以加强对全区团工作的领导。1923年5月13日，在广东党组织的支持下，召开广东社会主义青年团会议，产生了广东社会主义青年团临时区委，阮啸仙、施卜、刘尔崧、杨章甫等为区委委员，周其鉴、杨匏安、罗绮园为候补委员，阮啸仙为书记。随后，阮啸仙根据团中央的指示，结合广东当地的实际情况，确定了团区委当前重要工作为国民革命、民权运动。一方面，做学生普遍的运动——组织新学生社；另一方面，做工人普遍的运动——组织青年工人俱乐部。

新学生社是青年团的外围组织。新学生社设在广州司后街，新学生社在广州开办了三四十间"平民夜校"，吸收广州一些工人子弟和贫苦失学的青少年来参加学习。为了适应青年的特点，新学生社又设立了"新学生剧社"，通过艺术形式，开展宣传活动，经常在广州中央公园、西瓜园、广东大学礼堂公开演出。阮啸仙不仅撰写剧本，还亲自参加排练并担任主角。新学生社还创办了《新学生》周刊，阮啸仙亲自为周刊撰写指导性文章。新学生社在阮啸仙的领导下，发展迅速，从1923年6月成立到1924年不满一年的时间，"新学生社"的成员，从最初118人，发展到五六千人。由于阮啸仙工作方法得当，到1923年6月初，广东各地团支部、小组已建立了20多个，到1923年9月29日，广东区已成立了海丰、香港、广州三个地方团，梧州、佛山、东莞三处也将成立地方团。

1923年，阮啸仙（右一执笔者）与当时团广东区委同志一起商讨工作

勤恳得法，广东团工作成效卓著

为了更好地开展广东区团的工作，阮啸仙积极筹备了团广东区首届代表大会，1923年10月14至17日，团广东区首届代表大会在广州召开，大会充分肯定了阮啸仙主持的团广东临时区委工作取得的成绩，并提出今后一个时期的工作任务。会上阮啸仙被选为团广东区执行委员会委员，并在18日举行的区委第一次会议上当选为区执行委员会委员长。为发展完善各地方团组织，阮啸仙忘我地忙碌着。

1922年7月16日，中共二大在上海南成都路625号召开。8月28—30日，距离中共二大召开后仅一个多月，中共历史上一次重要的会议在西湖举行，共产国际驻华代表马林倡议实行"党内合作"，即共产党员、青年团员加入国民党，把国民党改造成为各革命阶级的联盟。马林的这个倡议得到了共产国际的赞同。

　　1923年6月，中共三大在广州召开，会议接受了马林提出的"党内合作"的建议，确定了全体共产党员以个人名义加入国民党，与国民党建立革命统一战线的方针。1923年8月20—25日，中国社会主义青年团第二次全国代表大会在南京召开，30余名代表出席了大会，他们代表全国16个省30多个地方团组织的2000多名团员，阮啸仙代表两广地区的团组织出席会议。在这次大会上，他被选为团中央执行委员会候补委员。阮啸仙积极响应中共三大提出的国共合作建议，1923年10月，阮啸仙参加由苏联代表鲍罗廷召集的会议，讨论帮助国民党改组等问题。11月，国民党元老廖仲恺发起组织革命义勇军，阮啸仙和刘尔崧等率先参加。11月11日，国民党召开广州全体党员大会，决定在广州成立十二个区分部。阮啸仙当选为第一区分部执行委员。随后，中共广东区委和团广东区委举行联席会议，决定由党、团共同组织国民运动委员会，推动国民党改组工作的进行。阮啸仙被选为该会执行委员。1924年1月20—30日，在中国共产党人的参加与帮助下，孙中山在广州召开了国民党第一次全国代表大会，国民党"一大"的召开标志着第一次国共合作的正式建立。

　　国共合作的实现，也给广东地区团组织的发展和革命活动创造了有利条件。1924年1月24日，阮啸仙向团中央报告广州等地团的活动情况，并于2月10日，前往东莞、新会、顺德、香港等地视察团的工作；19日回到广州；23日在团广东区委第十次常务会上报告视察各地情况。3月10日，阮啸仙前往上海参加团中央扩大会议，回到广州后，阮啸仙因过度劳累，病倒了1个月。为适应国共合作新的形势，5月25日至6月1日，阮啸仙又主持召开了第二届广东区团代表大会。会议提出了广东区团新的工作与任务，暨努力扩展团组织，积极发展工农运动，会议还改选了新的领导班子，阮啸仙、刘尔崧、彭湃、郭瘦真、蒋世明被选为广东区团执行委员，阮啸仙再次任区执委会书记。会后，阮啸仙继续领导广东区团委的工作。9月下旬，阮啸仙奉孙中山之命，与谭平山率领农民自卫军赴韶关训练，开始致力于广东的农民运动。

1923年5月至1924年9月间，阮啸仙所领导的广东青年运动取得了辉煌的成就，得到了团中央的充分肯定，1923年11月，在党的三届一次中央执委会上，团中央负责人在发言中表扬了阮啸仙所领导的广东青年团的工作，说"各地工作，以广东最佳，各项运动，S.Y.（青年团）均参加"。所谓的"各项运动"指的是根据党中央的指示，团中央组织和领导广大团员和青年投入到各项政治活动，包括支持孙中山，反对陈炯明，支持上海日华纱厂址的罢工，组织反基督教学生同盟，反对曹锟贿选，发起纪念被反动派杀害的黄爱、庞人铨的运动，反对张国焘运动，声援二七大罢工等，阮啸仙都积极带领广东青年团进行响应。

阮啸仙主持领导广东青年团的工作时，虽然只有二十六七岁，但他的工作方式、方法都十分得当。他积极倡导"集体领导，分工负责"的原则；在团的建设中，阮啸仙还主张批评与自我批评作风。此外，阮啸仙还非常注重对团员、青年的思想政治教育工作，倡导有计划地对他们进行纪律、政策和工作上的训练。

生死之交，与陈毅结下深厚友谊

1935年3月6日，阮啸仙在江西省信丰与大余交界处的马岭战斗中牺牲。闻此噩耗，与阮啸仙有着深厚革命情谊的陈毅于1935年4月写下《哭阮啸仙、贺昌》一诗：

最近同志中，阮贺足称贤。

阮誉传岭表，贺名播幽燕。

审计呕心血，主政见威严。

哀哉同突围，独我得生全。

陈毅与阮啸仙的第一次见面，是在1934年1月底的瑞金。阮啸仙作为中央苏区的正式代表参加了中华苏维埃共和国第二次全国代表大会。在听完毛泽东作的《中央执行委员会对第二次全国苏维埃代表大会的报告》的当晚，阮啸仙兴冲冲地赶到毛泽东住地，想就近期调查苏区财政经济工作情况，向时任中华苏维埃政府主席的毛泽东进行汇报。

在毛泽东住地，阮啸仙第一次见到了陈毅。

"陈毅同志，我在广东仁化担任县委书记，就听北江特委的同志经常提起你和朱德同志。真是久仰大名，只是不见本人、未闻其声啊！"阮啸仙握着陈毅的双手，高兴地说。

"我在《红旗》刊物上经常拜读你的大作，真是受益匪浅啊！"陈毅也十分高兴，"我们是名副其实的未曾谋面的老相识！"

由于阮啸仙要向毛泽东作汇报，他与陈毅的初次相见并未来得及细聊。

阮啸仙自幼身体虚弱，1934年9月的一天，阮啸仙在审阅完《关于四个月节省运动总结》的审计报告后，因过度劳累，哮喘病再次复发，住进了瑞金云石山国家医院。

此时，陈毅正好也在国家医院治疗腿伤。他在8月28日兴国老营盘指挥作战时，被敌人一颗子弹击中了右大腿胯骨，一直躺在医院的病床上。本来他的腿伤早就该做手术了，可医院没有电源，手术无法进行。他知道中央机关和主力红军马上就要撤出中央苏区了，但却没有人向他传达什么指示、决定，陈毅的心情十分焦躁。

这一天，阮啸仙打完针，找到了陈毅住的病房。

为减轻腿伤疼痛，护士从屋梁上垂下一根绑带，把陈毅那条裹满纱布的肿腿吊起来。阮啸仙见状，十分关切地问："什么时候动手术?"

"医院的医疗器械、药品都打包装箱了，没有电源又拍不了X光片，能不能手术还是一个问题！"陈毅忧心忡忡。

"应该主动要求动手术，否则这腿伤可就耽误了！"阮啸仙着急地说。

"啸仙同志，你自己有病还来看望我，谢谢你！"陈毅十分感动，"只顾说我，倒忘记问你的病情了。怎么样，哮喘病好点了吗？"

阮啸仙说："老毛病了，好也好不到哪里去！这两天再观察一下，如没有什么大的问题就出院了。"

为了缓解病痛和严峻形势带来的烦恼，两人都向对方谈起了各自的经历。交谈中，阮啸仙了解到，陈毅虽是军人，但他的兴趣爱好在许多地方与自己很相似。高小毕业后，二人报考就读的都是工业学校，陈毅学的是纺织专业，他学的是机械专业；陈毅最初的理想是当文学家、诗人，并想靠文才谋生；而阮啸仙也深受国学造诣较高的老师熏陶，以及"五四"新文化运动的影响，一方面从事革命活动，一方面创作文艺作品，撰写并发表了《一个奋斗的女子》《观排球》《爱情是什么？》等不同题材的作品，写下了一系列言辞犀利的文章。而作为具有诗人气质的革命家陈毅，他那种勇于仗义执言的精神、豁达大度的品格，令阮啸仙甚为钦佩。

不知不觉，两个"同病相怜"的病人，一谈就谈了一下午，临走时，阮啸仙让陈毅安心养伤，并再次建议他尽快主动向中央要求动手术。

第二天，陈毅想起了阮啸仙的建议，再也忍不住了，躺在床上给时任中革军委副主席周恩来写了一封信，如实地反映了自己目前的处境。在周恩来的关心下，中革军委无线电台把备用的汽油发电机送到国家医院，并让卫生部部长贺诚亲自组织医护人员给陈毅的伤腿进行拍片手术。

1934年10月，中央苏区红军未能打破国民党军队的第五次"围剿"，主力红军被迫于10月10日进行战略大转移，开始了长征。

刚做完手术不久的陈毅被留下来担任中华苏维埃政府办事处主任；瞿秋白、何叔衡、梁柏台、陈潭秋、阮啸仙等领导人也一起被留了下来。

12月下旬，在宽田召开了中央分局扩大会议，陈毅提议时为中华苏维埃中央执行委员会委员、中央审计委员会主任的阮啸仙，接任中共赣南省委书记兼赣南军区政委，具体负责领导赣南省军民开展游击斗争。阮啸仙接到中央分局的指示后，于12月底匆忙从瑞金赶到于都。在井圹村，阮啸仙见到了陈毅。此时，作为留守中央苏区的政府首脑，陈毅正承受着种种"亡国之痛"：中央革命根据地一块块沦陷，留守的红军和干部斗志减退，苏区群众思想恐慌，必须派得力干部去各地开展组织发动工作，以尽快扭转目前这种混乱被动的局面。见阮啸仙这么快就从瑞金赶来，陈毅感到十分高兴。他简要地向阮啸仙传达了中央分局扩大会议精神，并一起研究了赣南省的工作。

"啸仙同志，你是中执委委员，是中央部委领导，身体又有病，现在叫你到地方工作，真是委屈你了。"陈毅歉意地说。

"在哪儿都是干革命,请陈毅同志放心!"阮啸仙说完,又禁不住咳嗽了几声。

"一定要保重身体!"陈毅对眼前这位受命于危难之际、不计较个人得失的战友,深感钦佩。

阮啸仙立即投入紧张的工作中。他不顾时好时坏的哮喘,组织赣南省军民,广泛开展坚壁清野,加紧进行筹粮筹款,积极扩大地方武装。

中央苏区的形势一天比一天严峻,至1935年2月中旬,中央分局、中央政府办事处和中央军区机关以及红二十四师、红独立三团等红军部队,已全部被敌人围困在于都县的禾丰地区。如不迅速突围,将有全部覆灭的危险!这时,中央分局领导终于接受了陈毅的建议,实行战略转移。

3月4日,在赣南省机关驻地,阮啸仙喘着粗气在作突围前的最后动员,正在这时,陈毅拄着拐棍,来到了突围队伍面前。大家兴奋起来。阮啸仙请陈毅给大家说几句话。陈毅深情地望着大家,神情坚毅,大声地说:"今天我来给大家送行,就说一句话——红军战士都应该是革命的英雄,胜利的时候要当英雄,困难的时候更要当英雄!"

陈毅与每一个人握手道别。当陈毅握着阮啸仙的手时,发现阮啸仙的双手发烫,上气不接下气,知道他的哮喘病愈加严重了。陈毅赶紧吩咐赣南军区司令员蔡会文,突围时一定要照顾好阮啸仙。

蔡会文告诉陈毅："我已经多安排了一个警卫员，一路好照看他。"

陈毅满意地点了点头，说："好，啸仙同志，请保重身体，我们等待你们突围胜利的好消息！"

阮啸仙动情地说："陈毅同志，你也要保重身体……"

陈毅想不到，这次与阮啸仙分别竟成永诀！

陈毅是最后一批突围的。当他听到阮啸仙牺牲的消息后，难于入眠，他想起了与阮啸仙、贺昌等老战友在一起时的日日夜夜，奋笔疾书，写了前面那首五言诗，以抒发对革命战友的悼念之情。

20世纪50年代初期，陈毅出差到广州，特意打听阮啸仙家属的情况。当得悉阮啸仙的妻子徐琼荷在叶剑英的关心过问下，已从偏僻的河源迁住在广州，并得到妥善安置时，他十分高兴，并专程到她家里看望慰问她。

结语：贡献突出，历史永远铭记

2009年5月，为迎接新中国成立60周年，中央宣传部、共青团中央等11个部门联合组织开展评选"100位为新中国成立作出突出贡献的英雄模范人物"活动，经群众投票，阮啸仙被选为新中国成立作出突出贡献的英雄模范人物之一。可见，历史并没有忘记70多年前牺牲的阮啸仙，他为社会主义青年团和中国革命作出了不可磨灭的贡献。

编者点评

阮啸仙出生成长在国家动荡、山河破碎的历史时期。当时马克思主义在中国刚刚萌芽，中国共产党的组织还很幼小，阮啸仙没有选择人生坦途，而是遵从内心召唤，经过思考鉴别后，毅然选择了马克思主义为毕生信仰，成为一个坚定的共产主义战士，义无反顾踏上革命道路，从此风雨兼程、砥砺前行。阮啸仙同志无论在困顿逆境，还是生死关头，始终忠于职守、无怨无悔、冲锋在前、奋斗不息，对党的事业矢志不渝、无限忠诚。他曾撰文道："我们改造的心，从此坚定了，也预备来牺牲了。有价值的牺牲，为人类求幸福，何乐而不为！"阮啸仙同志言为心声、文如其人，他用爱国救民、献身革命的言行，展现了一个共产党人的豪情壮志和赤子之心。

084

周文雍　陈铁军

头可断，肢可折，革命精神不可灭

星仔说 历史

　　辛亥革命后，人民对反封建求民主的诉求愈演愈烈，新旧文化不断碰撞，这场革命在政治上和思想上给中国人民带来不可低估的解放作用。与此同时，各个党派力量不断较量，革命活动在全国各地此起彼伏。

　　1927年4月，国民党内蒋介石集团和汪精卫集团相继叛变革命后，国民党在广州等地大肆屠杀共产党人和革命群众，广州陷入白色恐怖中。同年12月，在张太雷、叶挺、叶剑英、黄平、周文雍等领导下，第四军教导团全部、警卫团一部、黄埔军校特务营和广州赤卫队的7个联队、2个敢死队，共6000余人，分数路向广州市各要点发起突然袭击，史称广州起义。广州起义殉难的烈士中除了最高指挥者张太雷外，还有喀西士等五名苏联人，以及成百上千的工农群众。其中，周文雍和陈铁军这对"革命夫妻"在起义失败后英勇牺牲的壮举，给这段悲壮的历史增添了一抹特别的革命浪漫色彩。

　　周文雍（1905—1928），乳名光宏，广东开平人。1922年考入广东省立甲种工业学校机械科，受进步思想影响，成为学生爱国运动的骨干。1923年加入社会主义青年团，后任团支部书记和校学生会主席，广州学生联合会委员兼文书部副主任，社会主义青年团广东区委委员兼广州地委委员，成为广东学界领袖。1925年加入中国共产党。曾任中共广东区委工委委员、中共广州市委组织部部长兼市工委书记等职，是广州工人运动的领袖之一。

　　陈铁军（1904—1928），年长周文雍1岁，原名陈燮君，出生于台山一个富裕华侨商人家庭，在佛山长大。后冲破封建家庭阻拦，前往广州，就读于坤维女子中学。1924年秋考入广东大学（后改为中山大学）文学院预科，成为学生运动活跃分子。1926年加入中国共产党，积极从事妇女运动和工人运动。

　　1928年2月6日，农历正月十五，正是元宵佳节。然而就是在这样一个本该阖家团圆的日子里，广州红花岗刑场正举行一场特别的"婚礼"，两位年轻的共产党员周文雍和陈铁军并肩而立，面对刽子手毫无惧色、视死如归，围观的群众慷慨激昂，不断高

呼口号为周、陈二人鸣不平，陈铁军深情地对着群众说："亲爱的同胞们，我和周文雍同志有着共同的理想，我跟他在一起工作，假称夫妻，其实，我们一直只是保持着纯洁的同志关系。当我们要把青春和生命献给党、献给人民、献给革命的时候，我要向大家宣布，我们就要举行婚礼了，让这刑场作为我们新婚的礼堂，让反动派的枪声，作为我们新婚的礼炮吧……"他们用坚定的眼神注视着对方，在刽子手的枪声中缓缓倒下，鲜血满地，成为他们这场刑场婚礼最悲壮凄美的背景。

周文雍牺牲时年仅23岁，陈铁军也只有24岁。这对风华正茂的革命青年，为了追求理想和信念，面对反动派的屠刀，视死如归，永不低头，为国家和人民从容就义、壮烈赴死，给共产党人留下了最珍贵的革命精神和动力。

青年领袖周文雍

1905年8月，一个小男孩出生在广东省开平县茅冈下洞凤凰里（又名宝顶村）的一个贫穷塾师家庭，家人对他寄予厚望，乳名取为光宏，他就是周文雍。周文雍的父亲名叫周俸成，是茅冈一个村上的私塾老师。周文雍还有一个兄弟和两个姐妹，一家人只能靠周俸成的微薄收入来维持基本生活。因此，母亲关氏在日夜操持家务的同时，还得替别人家纺纱缝衣来补贴家用。虽然生活清贫，但出生于教师家庭的周文雍从小就展露出与众不同的气概。他主动跟随父亲到私塾去识字、读书，最爱听父亲讲《三国演义》和文天祥的故事，并立志要做一个有骨气的人。

辛亥革命后，中华民国临时政府教育部改革封建教育制度，规定初等小学可以男女同校、小学读经科一律废止，各地纷纷兴办新学。周文雍的父亲也将他送到茅冈南面的横石乡新式小学就读。周文雍家到横石乡相隔了一条潭江，路程十分遥远，但周文雍从不迟到早退，他每天摸黑起床，跋山涉水到达学校，从未耽误过课程。他聪颖好学，考试成绩名列前茅，只用两年时间就读完了初小四年的课程，顺利升入高小。

然而不久后，周父就生病卧床，母亲要担负起全家的生计，家庭十分困难，已经无法供孩子们上学。周文雍为了帮补家计，只好停学到杂货店当了一名"伙头仔"。白天在店里辛勤工作，晚上回到家借着微弱的烛光念书。此时五四运动的风潮席卷到岭南，周文雍受新思想的影响，迫切地向学校提出了复学。学校校长不仅同意了他的请求，还决定免收他的学费，并让他帮助学校伙房做一些力所能及的杂务，解决了他的食宿问题。

从高小毕业后，父亲的病也有了好转，周俸成受聘到宝兴村去教村学，周文雍也随着父亲到宝兴村里当教书先生。受新思想的影响，周文雍除了处理好教学任务外，还经常带领学生们开展各种文体活动，培养学生的各种兴趣爱好。他带头动员男学生剪掉辫子，并把零花钱积攒下来订阅报纸，和学生一起学习时事新闻，同唱爱国主义歌曲，整个村学的面貌从此焕然一新。

　　不久后，周文雍得到亲友的资助，来到广州谋求出路。1922年秋，他以中学同等学力的资格，考入被誉为"红色甲工"的广东省立甲种工业学校机械科。这是一所富有革命传统的学校，广州学生运动的领袖阮啸仙、刘尔崧、周其鉴、张善铭等，就是"甲工"学校第一、二届的学生，周文雍是其第三届学生。"甲工"的第一届学生、社会主义青年团团员阮啸仙、刘尔崧、周其鉴等进步青年，积极组织进步团体，宣传马克思主义，并印刷了《共产主义ABC》《阶级斗争浅说》等书籍，订阅收集了《向导》等刊物捐赠给学校。他在学生活动中结识了这些学长，在他们的影响下，周文雍渐渐对共产主义有了了解，他如饥似渴地阅读了这些书籍，并积极地向《"甲工"校友专刊》投稿，用激昂的文字表达自己的革命抱负。他清醒地认识到，要消灭人剥削人、人压迫人的不合理现象，使大家安居乐业，过上幸福生活，就必须推翻压在人民头上的帝国主义和封建主义统治。

　　很快，"甲工"社会主义青年团组织发现了周文雍这个有理想有抱负的进步青年，1923年5月，周文雍被吸纳加入社会主义青年团，不久便担任了"甲工"的团支部书记，迈开了革命道路坚实的第一步。1924年春，他被选为"甲工"学生会主席，并被推选为广州学生联合会文书部副主任。不久，在10月5日召开的社会主义青年团粤区代表会议上，周文雍和杨石魂、刘尔崧等7人被选为团的粤区执行委员会委员。

　　为了加快推翻帝国主义和封建主义，周文雍既积极领导学生运动，又投身工人运动。他带领青年慰问团赴前线慰问反击军阀陈炯明的队伍，组织广州学联文书部同学积极承担反侵略活动起草宣言、通电和引发传单等工作。同时还协助杨石魂主持手车夫工会的工作，修建工人宿舍，切实解决工人困难，使手车夫工会成为广州工人队伍中一支坚强的革命力量。同年7月，他还参与领导了洋务工人反对英、法帝国主义者施行侮辱中国人的《新警律》的罢工斗争，迫使沙面当局取消了《新警律》。随着周文雍参加的社会活动越来越多，时任"甲工"校长萧冠英这位顽固守旧分子，对周文雍日渐不满。终于，在周文雍刊登了一篇揭露广州市选举市长黑幕的文章后，校方以参加社会活动过多，旷课严重，无心向学为理由，开除了周文雍的学籍。

1925年春，周文雍光荣加入中国共产党，从此，他把自己的一生都奉献给了共产主义事业。5月，五卅惨案发生后，激起了全国人民的极大愤怒，周文雍根据党的指示，赴香港发动工人和学生投入反帝斗争。随后震惊中外的省港大罢工发生后，他回到广州，继续组织发动沙面洋务工人率先加入罢工行列。在他的精心组织领导下，广州洋务工人和香港金属业工会组织先后成立，推动了省港工人运动的发展。1926年，周文雍担任共青团广州地委书记。在轰轰烈烈的大革命运动中，周文雍先后担任多种领导职务，工作任务十分繁重，夜以继日埋头苦干，但他始终精神饱满地投入工作，他这种战斗不息的革命精神，深深感染和激励着工人和学生们。

新女性陈铁军

小亭里，更阑夜静。相吊形影，顾盼娉婷。漫谈古今事，畅叙别离情。暗伤心，会少离多，转瞬又成孤零。唯有她，天真烂漫，雍容娴雅，似不解情。笑盈盈，信步归房，取出扇儿递来："请为我早写，莫待秋至"，临去犹絮絮叮咛。

这是1926年春谭天度写下的一首小诗。谁也无法想象，诗中雍容娴雅的女主人公，生活在战乱不断的革命年代，从事着崇高又危险的革命活动；谁也无法想象，在两年后的初春，这位女主人公香消玉殒，永远倒在了革命的舞台上。

陈铁军原名陈燮君，与周文雍截然不同的是，她出生在台山一个归侨富商家庭，少年生活无忧无虑。她的祖父是一位勤劳俭朴的贫苦农民，在佛山以经营豆腐为生。她的父亲陈帮楠不堪生活贫困，背井离乡到澳大利亚墨尔本谋生计，从事简单的店员和会计等工作。终于在1904年，也就是陈铁军出生的这一年回到佛山，并用打拼十年的积蓄在佛山购置店铺三间、大屋五间和桑基、鱼塘十二亩，另外还与人在香港合伙经营百货店。陈铁军就是出生在这样的一个家庭，从小过着不愁吃穿的富家闺秀生活。她天资聪颖，跟着母亲学刺绣手工，十三四岁的时候就能缝制衣服，甚至还能绣出各式活灵活现的花卉鸟兽。

在陈铁军这般本该天真浪漫的年纪，彼时中国正处于水深火热之中，封建王朝被推翻，民主革命此起彼伏，旧思想与新文化不断发生碰撞，社会动荡不已。特别是辛亥革命后不久，北洋军阀窃取了中华民国的最高权力，老百姓再次陷入困惑不安中。中国的知识分子迫切地渴望从苦闷和彷徨中走出来，1915年9月《新青年》创刊，从此掀起了一场空前的新文化运动潮流。新文化运动的思想家们提倡民主，反对独裁专制，提倡科学、反对迷信盲从，提倡新道德、反对旧道德，提倡新文学、反对旧文学，向封建礼教提出全面挑战，在社会上掀起了一股生气勃勃的革命思想解放潮流。

这股潮流也奔涌到佛山，在新文化运动影响下，佛山办起了女子私塾，很多家庭纷纷破除陈规，陆续送家中女孩到私塾上学。此时，14岁的陈铁军已经成长为一名有独立思想的少女，她和七妹陈燮元（后改名陈铁儿）听闻女子私塾的建立，也向父亲请求送她们到私塾上学，像家中男子一样读书识字明理。陈父早年间在国外因文化程度低而饱受歧视欺侮，如今看到两位女儿如此好学，便欣然答应送她们到私塾上学。1918年春，陈铁军和陈铁儿被送入佛山有名的女书馆——坤贤私塾读书。从深闺绣房来到书馆与众多伙伴一起读书习字，陈铁军十分高兴，她终于能够更多地看到这个世界。但与此同时，她也注意到，他们家与别的家庭还是有所不同的。她和妹妹虽然生活在一个富裕的家庭，但社会上还有很多贫穷的人家，他们也渴望读书识字，希望生活越过越好。因而，从所见所闻中引发了思考，例如对于社会不均如何解决、新旧文化接替如何进行等这些问题，陈铁军非常渴望从书中寻找答案，但私塾老师教的仍然是"幼而学，壮而行，扬名声，显父母，光于前，垂于后"以及《女四书》中的传统女德这些过去陈旧的知识，这让她大失所望。更让她感到困惑的是，从古到今，女子的婚姻都要在父母之命媒妁之言下进行，这种包办婚姻的做法严重地束缚了女子的独立和成长，新式女子学堂虽然让女子与男子一样上学堂，读书明理，但依然将女子束缚在陈旧的社会观念之下，无法取得真正的自由和独立。在陈铁军入读私塾的第二年，家中长辈也不能免俗，无视她的请求，将她许配给佛山盲公饼铺"何合记"老板的孙子做媳妇，陈铁军顿时感到十分无助，发誓定要从这个牢笼里逃脱出来。

1919年五四运动爆发，反帝反封建的诉求很快从北京蔓延到全国各地。广州高校的学生为了响应北京青年的号召，自发组成各个演讲队、宣传队，他们到广东各地奔走，怒斥北洋军阀政府的腐败无能，宣传救国救民的道理，佛山也迅速地被这股革命浪潮席卷。其时在陈铁军读书的坤贤私塾中，正进行着一场激情澎湃的演讲，来自广州女子师范学校的佛山籍女学生郭鉴冰在讲台上反复阐明反对帝国主义的信念，同时还带来"男女平等""妇女解放"等诸多女学生们过去闻所未闻的新概念。这些铿锵有力的字眼，让陈铁军这位年仅15岁的少女受到心灵上的震撼。她内心十分激动，郭鉴冰等人的话语正与她心中所求所想不谋而合，一瞬间仿佛在荒漠中长出了绿油油的幼苗，看到了希望和未来。为了印证这些新理念的可行性，她拉着妹妹陈铁儿到街上听了一场又一场的演讲，最后情不自禁地拿起了传单在祖庙附近散发，跟着游行队伍向民众呼喊口号。从此，陈铁军的脑海中翻滚起新的波澜，开始新的觉醒，幼小的心灵萌发了追求解放和光明的想法。

一年后，陈铁军和陈铁儿入读郭鉴冰毕业后回佛山创办的新式女子学校——季华两等女子小学。在这所学校里，女学生们被要求穿白衣黑裙的校服，甚至要上"有失闺秀体统"的体育课，守旧的家长纷纷阻止。陈铁军却赞同校方的做法，并同妹妹陈铁儿一道带头穿校服，到操场上体育课，渐渐地，家长们看到这群女学生们朝气蓬勃、知书达礼，就改变了看法，认为这种新文化也是值得学习的，还称赞她们"像男孩子一样""比男孩子还强"。

就在陈铁军即将小学毕业的这一年，她的父母突然病故，而她的婚约也被提上日程。"何合记"老板身患重病，需要尽快迎娶孙媳妇过门冲喜。陈铁军对这门包办婚姻十分不满，此时更是被逼迫着终止学业出嫁，她便向哥哥提出取消婚约。遭到拒绝后，陈铁军提出两个要求，一是父母重孝在身，只能拜堂，不能同房；二是拜堂后要回家继续读书，直至读中学、大学。何家出于无奈只好同意了这两个要求。陈铁军与何家孙子拜堂后，继续返回学校念书。但从季华小学毕业后，家里人已经不同意她外出念书，并停止供应她的学费、生活费，陈铁军不甘受困于此，下定决心变卖了自己身上的首饰和衣物，毅然前往广州求学。1922年春，陈铁军几经周折，来到广州，考入坤维女子中学初中部。

来到广州这个革命力量的集中地，她所处的坤维女子中学，也处于思想激荡的漩涡当中。陈铁军接受新思想的洗礼，对封建礼教也越来越抵触，她开始关注妇女自由、平等、独立的问题，认为这些问题与自己和身边的女同胞们息息相关，她广泛地阅读各种关于妇女问题的书刊，思想上受到一层又一层的激荡。正当她对各种主义、理论、学说和主张不能辨别真谬，对各种论争不能鉴别是非而陷入苦闷彷徨时，中共党员、国文老师谭天度给她指明了方向。从此，陈铁军感到换了一片新天地。1923年春，区梦觉、陈铁军、周蕴卿等同学组织时事研究社，经常阅读《新青年》《前锋》等理论刊物和《共产主义ABC》等小册子，逐步从进步书刊中接受马克思主义。与此同时，她清醒地认识到，女子的命运可以掌握在自己手中，因此，她正式向何家提出解除婚约，断绝关系，挣脱了前进的羁绊。

1925年，陈铁军正式考入广东大学（次年改名为中山大学）文学院，她积极参加共青团的外围组织新学生社和进步妇女团体广东妇女解放协会，并成为各种活动的积极分子。在目睹了右派学生的横蛮作风后，她毅然决定加入中国共产党，并将自己的名字由"陈燮君"改为"陈铁军"，以示自己坚决与反动派作斗争的决心。在她的影响下，七妹也把名字从"陈燮元"改为"陈铁儿"。经过严格的考验和锻炼，陈铁军成为一个坚定的共产主义战士。1926年4月，由区梦觉介绍，中共广东大学文、理学院总支书记签批，陈铁军光荣地加入了中国共产党。随后就被党组织派到工代会做妇女工作，担任广东妇女解放协会秘书长。1927年春，陈铁军担任中共广东区委妇委委员，在妇委负责人邓颖超领导下进行工作。她经常到女工和妇女群众中工作。由于家庭背景不同，一开始女工们总是质疑陈铁军这位出身富贵的大小姐，能否在艰辛的环境下与她们一同劳作。面对这种质疑，陈铁军主动脱下白衣黑裙，换上劳动人民的大襟衫、阔腿裤，梳起劳动人民的发型，与她们同吃同住，就是通过这样近距离的接触，工人群众才渐渐与她亲近起来。

　　1927年4月12日，是近代中国历史上最黑暗的一天。这一天，以蒋介石为首的国民党新右派在上海发动反革命政变，大肆屠杀共产党员和革命群众。江苏、浙江、安徽、福建、广东、广西等省相继以"清党"为名，大肆搜捕杀害共产党员和革命群众。4月14日，广州的反动派发出拘捕共产党人的命令。4月15日晨2时起，广州戒严，大屠杀开始。此时，陈铁军正沉睡在睡梦中，反动军警突然包围中山大学学生宿舍，大肆搜捕进步学生。伪装为学校女工的中共党员沈卓清连忙给陈铁军通风报信。陈铁军镇定自若，立即乔装打扮，勇敢地攀上大树，翻越墙头，离开学校，脱离了险境。

　　脱险后，她想起中共广东区委妇委负责人邓颖超因分娩住在长寿路一家医院里，不知是否来得及转移，她心里十分着急。于是马上穿上旗袍、戴上耳环，打扮成"贵妇人"模样，沈卓清则打扮成佣人，两人匆忙赶往医院。在医院院长的掩护下，陈铁军成功将邓颖超护送出去，有惊无险。邓颖超立即离开广州，前往香港，安然脱险。邓颖超事后回想起来，如果不是陈铁军临危不惧救她于危难之中，后果将不堪设想。

假夫妻真革命

1927年9月，周文雍和陈铁军接到了一个特殊任务，命运将素不相识的两人紧紧地连接在一起。为了掩人耳目，躲避国民党的各路探子，更好地完成党的各项任务，党组织决定让周文雍和陈铁军以"夫妻"的名义开展工作，建立秘密机关，积聚革命力量，准备以暴动反抗国民党反动派的屠杀政策。接到这个特殊任务后，他们在广州拱日路租了一间房子，建立起党的秘密机关。七妹陈铁儿也随陈铁军住在这里，当起这对"夫妻"的助手。

简单熟悉过后，周文雍和陈铁军过上了搭伙过日子的生活。在"夫妻"名义的掩护下，他们得以乔装打扮，走街串巷，深入工厂，秘密组织工人开展革命斗争。周文雍多次召集工会骨干开会，传达省委、市委关于组织工人抗议反动派屠杀暴行、建立地下武装准备暴动的决定，引导各行各业工人群众行动起来开展斗争。同时，陈铁军也积极协助周文雍，她深入大街小巷，把失散的革命同志聚拢起来，重新建立联络点，开展活动。陈铁军是位极其机灵的女同志，她不畏艰险，换上各式各样的衣服和扮相伪装成不同身份的人走街串巷，有时是女学生，有时是女工人，或者是少奶奶，目的就是深入各家各户，寻找失联的同志。不久，他们迅速建立起党的秘密联络点和交通线，党的革命活动得以更顺利地开展起来。此外，陈铁军还经常探望牺牲同志的亲属，帮助他们解决困难，鼓励他们坚持斗争，给很多家庭带去了温暖和信心。

　　与此同时，反动军阀张发奎从江西率余部回到广东。为了夺取广东的地盘，张发奎暂时缓和了对工人群众的压迫，企图骗取工人的好感和支持。为了不让广大工人群众受到蒙蔽，周文雍临危受命，要将广州工人代表大会特别委员会和省港罢工委员会的活动从地下搬到台面上来，亮出名堂，为工人群众打一支强心针。10月17日，周文雍主持召开了广州工人代表大会，本次大会共有100多个工会组织代表参加，会议决议要向政府提出释放一切政治犯、保证工会与农会的自由等5项要求，并决定10月24日举行总罢工。

　　总罢工的消息传开去后，张发奎坐不住了。同月19日，张发奎手下的军警力量就解散了由省港罢工工人组成的纠察队，还抓了45位海员工会委员、30位省港罢工委员会委员。除此之外，他还令全市戒严，三步一岗，十步一哨，广州街头到处张贴着禁止罢工的"公告"。一时间，可谓是道路以目。

　　面对张发奎的严防死守，周文雍改变策略跟对方斗智斗勇，把1000人的工人队伍分成100小组，打起了"游击"。凭着机智灵活的战略组织，这支队伍多次成功迷惑对手，周文雍一时间名声大噪。

后来，汪精卫和陈公博等也来到了广州，想借机将张发奎再伪装成"国民新左派"，哄骗群众。中共广东省委、市委希望能揭穿汪精卫、陈公博和张发奎等人的真面目，便让周文雍、陈铁军挑大梁。不幸的是，11月1日，为了掩护参加示威游行的群众撤退，周文雍负了重伤，还被一起逮捕了。

当时，中共广东省委正按照中共中央的指示，积极筹备广州的起义行动。作为起义组织者之一，周文雍的重要性毋庸置疑。不幸中之大幸，周文雍被捕时，其真实身份并没有被曝光。于是，省委安排了由杨殷负责，包括了梁桂华、沈青和陈铁军等优秀同志的工作小组前去营救。

因为监狱戒备森严，营救小组只能另谋他策。一开始，找人冒充周文雍的家属，每天给他送上大量生姜、辣椒等煎炒上火的食物，还让周文雍配合着不喝水，以此呈现出高烧不愈的状态。同时，跟监狱的医生里应外合，让监狱长迫于公愤难平，又怕传染病蔓延难负责任，将周文雍送进广州市公立医院医治。

为了躲过监狱派来日夜监视的警哨，营救小组选派了一名优秀同事伪装成司机，还特地配了一辆卸过车牌的小汽车，让司机候在医院门前随时接应。中午12点，医院大门点警卫照常换班。街上忽然响起一阵鞭炮声，一位提前扮作医院访客的同志立马上前缴枪，其余同伴快速背着周文雍坐上小汽车离开。本次一气呵成的救援行动立马传遍了南粤大地，第二天，粤港的多家报纸都在头版头条报道："无牌小汽车，劫走共党周文雍。"

周文雍被解救出来后，马上投入到紧张的革命事业当中。依据党的指示，他和陈铁军依旧扮着假夫妻做地下工作。其实，经过一次次的生死劫难，两人早已为彼此深深吸引。但革命尚未成功，两人都有一份美好的默契，先齐心协力把革命事业做好，暂时把这份感情珍藏心底。

同斗争共生死

广州起义失败之后，周文雍辗转了东江、香港几地，又回到了他最熟悉的广州，承担恢复党在广州的工作阵线，开展新的斗争。和周文雍一起回到广州的，还有陈铁军，他最亲密的革命同伴和"妻子"。

当时的广州，反革命势力气焰日益高涨，革命活动的形势十分险峻。周文雍和陈铁军化身富商夫妇、苦力工人和女佣人等多重身份，凭借革命信念和机智勇敢，一次次完美地完成了党的指示，为广州的工人运动作出了巨大的贡献。

然而，令人痛心的事发生了。1928年1月27日，由于叛徒告密，陈铁军在广州荣华西街市委秘密机关驻地被捕。围捕之际，陈铁军还没来得及放出"危险信号"，周文雍回来了，一并被捕。许是冥冥中已有注定，两人只能相伴相依。

狱中，敌人对周文雍和陈铁军使尽了百般手段，都撬不开这对英雄儿女的嘴。无论是严刑酷法，抑或功名利禄，周文雍和陈铁军始终不为所动。周文雍曾在监牢的墙壁上写下："头可断，肢可折，革命精神不可灭。壮士头颅为党落，好汉身躯为群裂。"这首字字铿锵的绝命诗，每一个音节都在表达优秀共产党人的英雄品格和不屈信念。

在1928年2月15日的《申报》上，还能看到这样的一段文字："执法官传令提周夫妇出堂，周遂偕其妻昂然直出。周文雍服杂绒西装，颈围冷巾，双手插裤袋中，侧首作睨视状；其妻手执纸烟，且吸且微笑，外着黑绒长袍，内衣红花棉袄，头戴淡紫冷织软帽……宣判既毕，即令捆绑。周又请求无须，未获准。周乃将围颈之巾转绕其妻颈上，并与之握手，其妻则手持周颈部之绳，使勿缚急。"周文雍将颈上温暖的围巾围在陈铁军的脖子上，而陈铁军则为周文雍松开紧勒颈部的绳子，他们双手相握，神态自若，大义凛然，仿佛即将到达的不是刑场，而是战场，更是他们神圣的婚礼殿堂，枪炮声将化作庆贺的礼炮，鲜血将成为革命的底色。

他们拥有世间最珍贵的感情，是那纯洁无瑕的爱情，更是革命同志共同的理念和信念。情深义重共生死，壮士英名永流传。周文雍和陈铁军倒下了，但有无数的青年人站了起来，希望之灯不灭，革命精神长存。

编者点评

　　辛亥革命以后，新文化运动唤醒了很多人的思想。在国家危难之际，千千万万青年人挺身而出，拯救人民于水深火热之中。周文雍和陈铁军都是青年革命英雄，他们生于战乱，从少年起就有着坚定的革命理想。周文雍少年老成，不顾自身安危积极组织工人运动，成为一代青年领袖；而陈铁军舍弃了富贵安定的生活，为妇女解放和救亡图存奋斗不息，都是我们学习的榜样。同时更让世人感动的是他们视死如归，成就了最纯真和最高尚的爱情。1980年上映的电影《刑场上的婚礼》为我们还原了当时凄美的故事，全国各地的剧院也不断上演周文雍和陈铁军的故事。英烈已逝，唯有革命精神永流传。

邓中夏

用生命诠释初心

星仔说历史

　　北洋军阀政府实行独裁统治，投靠帝国主义，大量出卖国家权利，中国人民处在水深火热之中；1919年五四运动前夕，中国无产阶级队伍已经迅速壮大到二百多万人，他们必然要成为中国革命的领导阶级；俄国十月革命的胜利，给中国人民指出了解放斗争的正确方向；新文化运动的不断发展，促进了中国人民的觉醒。再加上欧洲巴黎和会的外交失败，《巴黎和约》的签订，引爆了轰轰烈烈的五四爱国运动。

人物简介

　　邓中夏（1894—1933），男，汉族，字仲澥，又名邓康，湖南省宜章县人。邓中夏是马克思主义理论家，也是工人运动的领袖。他是我党新民主主义理论的重要代表，对我党的新民主主义革命提出了许多弥足珍贵的理论主张。他的这些理论主张，不仅极大地指导了我党的革命工作，而且是对马克思主义无产阶级革命理论的丰富和完善。邓中夏是五四运动中北京著名的学生领袖，他在五四前后的活动，对促成五四运动的爆发和发展起了重要作用。五四运动后，邓中夏参加了北京共产主义小组，成为我国最早的无产阶级革命家之一。他是中国共产党早期的卓越领导人之一，又是我国杰出的工人运动领袖和青年运动领导者，他一生担任过很多重要职务，对中国革命作出了多方面的重大贡献。

　　邓中夏1915年就学于长沙湖南高等师范文史专修科。1917年入北京大学国文门（文学系）学习。1920年10月参加北京的共产党早期组织。1923年参加创办上海大学，任教务长。1925年中华全国总工会成立后，任秘书长兼宣传部部长，参与组织领导省港大罢工。大革命失败后，参加党的八七会议，被选为中央临时政治局候补委员，旋任中共江苏地下省委书记。1928年任中共广东省委书记。同年，赴莫斯科，任中华全国总工会驻赤色职工国际代表。1930年回国后被任命为中央代表赴湘鄂西根据地，任湘鄂西特委书记、中国工农红军第二军团（后改为红三军）政委、前敌委员会书记、中央革命军事委员会委员。1933年到上海任中国革命互济会党团书记。1933年5月被捕。1933年9月21日，他高呼着"中国共产党万岁"的口号，昂首走向刑场，英勇就义。牺牲时年仅39岁。

经中央宣传部等11个部门联合组织开展评选"100位为新中国成立作出突出贡献的英雄模范人物和100位新中国成立以来感动中国人物"活动。邓中夏被评选为100位为新中国成立作出突出贡献的英雄模范人物之一。《震撼中国的100位英雄模范人物》一书称他是"骨头最硬的工人运动领袖"。

在我党早期的杰出英才中，有一位北京大学毕业的现代工人运动开创者，那就是后来牺牲于南京雨花台的邓中夏烈士。如果用一个词句来形容他的一生，那就是"燃烧"。邓中夏炽热的性格像一团火，映红了党的旗帜，也映红了中国工人运动的旗帜。

"五岭逶迤腾细浪，乌蒙磅礴走泥丸。"诗中提及的"五岭"之一的骑田岭，大部分位于湖南省南端的宜章县，县城北面的五岭镇因此得名。在五岭镇，有一个小村庄叫邓家湾，这里就是邓中夏的家乡。

来到邓家湾村，循着一段青石阶向里，就到了邓中夏故居

前。这是一栋湘南民居格调的青砖瓦房，故居大门正上方悬挂着
"邓中夏故居"牌匾。进入大厅，关于邓中夏生平的图文介绍，
特别是他的狱中留言，很容易将参观者的思绪拉回到那段激情燃
烧的革命岁月。

共产党人被捕后要有骨气，要坚强，在任何情况下，不能失
去气节。一个人不怕短命而死，只怕死得不是时候、不是地方。
中国人很重视死，有重于泰山，有轻于鸿毛。为了个人升官发财
而活，那样苟且偷生的活，也可以叫作虽生犹死，真比鸿毛还
轻。一个人能为了最大多数中国民众的利益，为了勤劳大众的利
益而死，这是虽死犹生，比泰山还重。人只有一生一死，要死得
有意义，死得有价值。

这正是他最初树立的革命理想。回顾邓中夏的一生，他的初
心更是经历了义与利、苦与乐、生与死的巨大考验。直到生命的
最后时刻，他始终都在用生命恪守入党初心，以身许党许国。

经受革命大义与个人利益的考验

年轻的邓中夏曾在一首诗中写道："觉悟的门前，便是刀山
剑树，我们是开门呢，还是不开门呢？"有一次，同学张楚从长
沙给他带来一部王先谦的《庄子集解》，谁知他几下就把它撕毁
了，并明确表示，在这种大变革的时代，继续关起门来啃古书，
是不能解决实际问题的。

邓中夏出生于湖南宜章一个破落地主家庭，其父是清末举人，当过县长。他从小入私塾读古书，后入县办小学、衡阳中学，又考入湖南高等师范文史专修科。他是校内兼职的杨昌济老师欣赏的学生。在经常去杨家请教时，结识了第一师范的毛泽东，并经常在一起指点江山、激扬文字。1917年邓中夏随父入京考入北京大学文学系。在校内，他最崇拜李大钊、陈独秀，并在两人的影响下投身五四新文化运动。1918年底，他和几位同学利用假期，到唐山矿区进行调查，了解工人的生产和生活，深刻体验到提高民德民智的迫切性，他立志要为唤醒民众而奋斗。在1919年5月4日北大学生上街游行时，邓中夏是主要组织者，而且是冲进赵家楼点火和痛打卖国贼的十几名学生之一。他对军阀政府的卖国行径深恶痛绝，不顾父亲的强烈反对，毅然参加了这一天的学生反帝爱国游行。他知道父亲的担忧，凭借他的勤奋好学和父亲的人脉资源，完全可以过上衣食无忧的生活，参加游行会毁掉自己的大好前程。然而国家兴亡，匹夫有责，在革命大义与个人利益之间，他选择了革命大义。当看到北京政府教育部的一位次长匆匆赶来劝阻，说什么"学生就是好好读书，国家大事可以交政府去办"时，他迎上前去，大声问道："交政府去办！政府会办什么？政府就会卖国！"他还指着那位次长说："你身为教育次长，自己不爱国，还不准学生爱国，你是中国人吗？"邓中夏义正辞严，让该次长无言以对，灰溜溜地走了。

1919年8月15日，邓家湾村的亮公祠人头攒动。全村的父老围坐一团，邓中夏站在中间，正在激情演讲。这时候，一位中年男人站起来问："隆顺伢子，你说的这些大道理，我们都听不懂。我就问你，将来北大毕业后怎样报答你的奶奶、父亲和在座的乡亲们？"名叫隆顺的，就是正在演讲的邓中夏。他想了一会儿，缓缓答道："我要做人民公仆。我要联合社会各界同志，努力奋斗和创造，做到人人有饭吃、个个有衣穿，都能过富裕的日子。我的目的是为广大群众谋福利，绝不为个人自私自利，单独发财。"这次演讲是他第一次向家乡人民宣告自己的人生信仰和奋斗目标。随后，他又前往长沙，联络已返湘的毛泽东，建立湖南学生联合会。

从1920年3、4月起，邓中夏较长一段时间深入到长辛店了解工人生产生活情况，开办劳动补习学校，长辛店劳动补习学校于1921年1月1日开学，5月1日成立长辛店工人俱乐部、召开纪念五一国际劳动节大会，掀开了共产主义者领导的中国工人运动的第一幕。

邓中夏到北京长辛店铁路工厂，向工人宣传进步思想，传播马列主义。邓中夏向工人解释"认字才能不受愚弄欺压"的道理。1921年初，他创办长辛店劳动补习学校，让工人们免费学习。这里成为中国北方工人运动的重要发源地。

生活在社会最底层的工人，对剥削制度没有认识，常常认为是自己的命不好，说"工"字不出头，出头就是"土"，所以听天由命。邓中夏在工人夜校里讲课，对"工"字作了另一番解读，他对工人说："工字上面一横是天，下面一横是地，中间那根柱子就是我们工人，顶天立地啊，工人最伟大。"邓中夏在黑板上写个大大的"工"字，高举右手做个撑破天的手势，说明工人团结起来，他们的力量有天大。经他这么解说，工人都感到很新鲜，很振奋，很受教育。

他还发起马克思主义研究会，于1920年10月协助李大钊在北京成立共产主义小组，成为党的创建者之一。党的一大以后，邓中夏负责全国职工运动。他当选为中国劳动组合书记部主任，并于7月将书记部迁往北京。

1921年秋，邓中夏以优异成绩在北京大学中国文学系毕业。此时恰逢北京大学有公费留学生出国的名额。机会难得，有人劝邓中夏出国留学，认为这是多少人梦寐以求的好事，邓中夏不以为然，他认为"要做学问，自己在国内也可以做，不一定非要出国不可"，因而没有接受。邓中夏的父亲邓典谟当时在北京政府任职，为邓中夏在农商部谋了一个职务，待遇很优厚，并代他接受了委任状。邓中夏坚决拒绝，要父亲把委任状退回。他对父亲说："现在政治这样腐败，当官的对老百姓敲骨吸髓，你叫我去当这样的官有什么意思？……我现在还有更重要的事。"父子俩大吵了一番，弄得不欢而散。在普通人看来，邓中夏白白浪费了大好的机会，有点自毁前程。这正是邓中夏不忘初心的表现。为此，他放弃了出国留学深造的机会，也拒绝了父亲在农商部为他谋到的美差，立下"不当官，要做公仆"的志向，决心全力以赴从事工人运动，为工人阶级谋利益，促进马克思主义与中国工人运动相结合。邓中夏充满了革命的豪情，在成为中国共产党党员后，曾赋诗：

> 莽莽洞庭湖，五日两飞渡。
>
> 雪浪拍长空，阴森疑鬼怒。
>
> 问今为何世？豺虎满道路。
>
> 禽狝歼除之，我行适我素。
>
> 莽莽洞庭湖，五日两飞渡。
>
> 秋水含落晖，彩霞如赤炷。
>
> 问将为何世？共产均贫富。
>
> 惨淡经营之，我行适我素。

此后，邓中夏就和家庭完全断绝经济关系，决心做一个无产阶级的职业革命家，靠党组织发给的微薄的生活津贴、稿费以及向朋友借贷，来维持生活。"这个孩子，将来恐怕不是我家的人了。"父亲看着关注国事、思想激进的邓中夏担忧地说。走出了那个富足的大家庭的邓中夏全身心地投入到了革命的洪流中，迅速地成长为工人运动的领袖和中国共产党早期重要领导人。

经受苦与乐的考验

1925年4月，邓中夏奉中共中央之命，离开上海，到国民革命根据地广州筹备召开第二次全国劳动大会。1925年5月1日，第二次全国劳动大会在广州广东大学召开，邓中夏、苏兆征、刘少奇、李启汉等25人当选为中华全国总工会执行委员。林伟民当选为中华全国总工会委员长，邓中夏为秘书长兼宣传部部长和中共驻中华全国总工会党团书记，李启汉为组织部部长。经过邓中夏等人大量艰苦细致的工作，终于实现了全国工会组织的统一。在邓中夏的精心安排下，大会通过《工会组织原则案》《工人教育决议案》等30多个决议案。从此工人教育成为中国共产党领导下的工会工作不可或缺的重要组成部分，沿袭至今。中华全国总工会办公地点设在广州惠州会馆，邓中夏和李启汉驻会主持日常工作，并参加中共广东区委及工人运动委员会的领导工作。

五卅运动爆发后，邓中夏与杨殷三度驰赴香港，与苏兆征等人领导了震惊世界的省港大罢工，声援上海工人的反帝斗争。1925年6月19日，香港海员、电车工人、印刷工人首先罢工，接着其他行业的工人也纷纷响应，罢工人数达25万。工人声明拥护上海工商学联合会对五卅惨案提出的17项条件，并针对英帝国主义在香港执行的歧视华人政策提出了"政治自由、法律平等、普遍选举、劳动立法、减少房租、居住自由"六项要求。有10万多名工人在苏兆征等人的率领下回到广州。广州英、美、日洋行和广州沙面租界的工人也加入了罢工的行列。

6月23日，回到广州的罢工工人偕同广州工人、农民、学生、革命士兵及其他群众共10万余人举行示威游行。当游行队伍经过沙基街时，驻在沙面的英国军警突然向游行群众开枪射击，停泊在沙面附近的英、法军舰也炮轰游行群众，当场打死50余人，重伤170余人，轻伤者不计其数，这就是著名的沙基惨案。

惨案发生后，全国人民极为愤怒，积极支援省港大罢工。中华全国总工会为加强对罢工的领导，在广州召开广州、香港、沙面各工会代表大会，成立了省港罢工委员会，苏兆征被选为委员长兼财政委员长，邓中夏任省港罢工委员会党团书记、顾问和工人纠察队训育长。罢工委员会运用罢工、排斥英货、封锁香港三项有力武器与英帝国主义作斗争，并且组成了2000多人的工人武装纠察队，到各港口驻防，严密封锁香港。交通断绝，工厂停工，商店关门，供应困难，物价飞涨，垃圾粪便没人打扫，香港成了"臭港""饿港""死港"。

省港大罢工，不仅在政治上而且在经济上沉重地打击了英帝国主义。据统计，罢工以来，英帝国主义平均每月损失达2.1亿元。这次大罢工在全国人民的声援和支持下，坚持到1926年10月才结束，历时1年零4个月，参加人数达25万，是中国乃至世界工运史上规模最大、时间最长、人数最多、影响最深的一次大罢工。它沉重地打击了英帝国主义在华南的统治，促进和巩固了广东革命根据地的发展，为北伐战争奠定了坚实的基础。

　　邓中夏曾指出："省港罢工从1925年6月起，应算至1927年10月止，共计两年零四个月。""这是一个为世界职工运动有史以来所未闻见的长期罢工，它的意义的确超过'罢工'以上。"邓中夏自始至终是实际指挥省港大罢工最重要、最关键的核心领导。从罢工的发动，罢工组织机构的建立和整顿，罢工的宣传和对罢工工人的教育训练，罢工工人纠察队的组建、训练和防务，罢工策略的制定、调整和贯彻，直到结束对香港的封锁，这次多达25万人的反帝大罢工的每个重要环节，无不浸透邓中夏的心血。

　　当时，省港大罢工委员会的办公联络地点，设立在广州贤思街近圣里的"龚寓"。大罢工的主要领导人苏兆征、邓中夏、李启汉都下榻于此。他们为了一个共同的目标走在一起，如同一家人一样，彼此亲密无间。三人之中，苏兆征是广东香山人，而邓中夏与李启汉则为湖南人。李启汉结婚后，回湖南老家，赎回了做童养媳的妹妹李惠馨，他把母亲和妹妹接到广州。苏、李两家已婚，住在楼上，邓中夏单身，住在楼下。

　　邓中夏在龚寓时，楼上苏、李两家对他非常关照，做了什么下酒的好菜，总会叫他上楼来喝一杯。他的衣物浆洗缝补、房间整理等事，都由李启汉的妈妈和妹妹打理。

　　在李惠馨的眼里，精力充沛的邓中夏满腹经纶，英姿勃勃。那炯炯有神的眼睛，威严中透出温柔。邓中夏把李惠馨当作妹妹看待，他在百忙中抽出时间教她读书、识字，还给她讲革命道理，讲他自己的故事。他建议李惠馨走出龚寓，参加火热的罢工斗争。在征得母亲和哥哥的同意后，李惠馨投身到省港大罢工的洪流之中，上夜校、听演讲，参加游行示威，有时也到罢工委员会送文件，或者帮邓中夏送稿子到《工人之路》编辑部，两颗心悄悄地相互靠近。作为邓中夏的亲密战友，李启汉看在眼里，喜在心上。他特意与妹妹谈话，告诉她，邓大哥是革命家，你要跟他，就得做好牺牲一切的思想准备。李惠馨坚定地对哥哥说，今生今世就认定邓大哥了。李启汉又找邓中夏谈起这件事，邓中夏的回答与李惠馨的回答惊人的一致。

1926年8月的一天，邓中夏与17岁的李惠馨结婚了，婚礼在龚寓举行。刘少奇、何宝珍夫妇为证婚人，周恩来、毛泽东、陈延年等先后来到龚寓，却不见新郎新娘露面。按照广州的习惯，新娘新郎要穿上结婚礼服，举行隆重的结婚仪式，然后坐上小汽车，在城里兜风。莫非小两口提前兜风去了？其实不然。这一天一大早，邓中夏与李惠馨就来到城郊黄花岗七十二烈士墓凭吊。走在长长的墓道，两旁的青松、翠柏列队迎接他们，庄严而肃穆。在纪功坊前，邓中夏轻轻地读着纪念碑文，解说给李惠馨听。两人在烈士墓前庄严肃立，邓中夏意味深长地对李惠馨说："妹妹，要斗争就会有牺牲，不要忘记死去的先烈。"

快要开饭的时候，新郎新娘才回到龚寓，众人早已等得不耐烦了，纷纷追问他们到哪去了。邓中夏忠厚地笑了笑，没有回答。苏兆征故作生气状，"你不说，我就'罢宴'了。"众宾客纷纷附和，连李启汉也加入此行列。李惠馨赶忙把在黄花岗的事情说了出来，众人哈哈大笑，纷纷夸赞这个婚礼有意义。邓中夏对李惠馨感情甚笃，亲切地称她为"妹妹"。

1928年5月，邓中夏根据中共中央的安排到达莫斯科，筹备召开中国共产党第六次全国代表大会，为开好六大作出积极的贡献。六大闭幕后，邓中夏和瞿秋白、张国焘、王若飞等人组成中共驻共产国际代表团，留驻莫斯科两年。作为杰出的无产阶级教育家，邓中夏在任中共和中国工会驻共产国际代表和赤色职工国际代表期间，经常联系在莫斯科劳动大学和列宁学院学习的中国留学生，旁听赤色职工国际召开的有关会议，使他们了解各国工人运动的情况，开阔眼界，增长才干。同时，邓中夏与米夫、王明的宗派主义进行坚决的斗争，保护了一批遭到政治迫害的劳动大学的中国留苏学生。

1929年初，中共中央安排李惠馨带着4个月大的孩子，秘密越过满洲里封锁线，进入苏联。2月8日，邓中夏到莫斯科火车站迎接她们，随后入住莫斯科高尔基大街陆克斯大厦的二层小楼。2月10日是中国的春节，邓中夏与李惠馨和孩子在莫斯科的一个照相馆拍摄了一张留存至今的唯一的全家照。

1930年6月，邓中夏从苏联回国，李惠馨因为孩子小，不便同行。不久，李惠馨从莫斯科回到上海，在中共中央备用的最机密最隐蔽的无线电台工作。

邓中夏回国后，担任了全国总工会党团成员兼宣传部部长。

接着，他又被任命为中央代表，前往湘鄂西根据地，同贺龙、周逸群一起领导湘鄂西的武装斗争，任湘鄂西特委书记和红二军团政治委员。

1930年9月12日，邓中夏来到洪湖苏区，通过一段时间的工作，他深深感到红二军团广大战士作战勇敢，但缺乏军事训练。因此，他将部队转移到峰口地区，进行了一次认真的整训。他十分重视发挥各级干部的革命积极性。贺龙曾一度遭到"左"倾错误领导的攻击，受到党中央的怀疑。邓中夏在了解情况后，如实地向党中央写了报告。他说："云卿（贺龙字云卿）本人政治上确无问题，其部下大半均入党，党的观念虽弱，但均忠实勇敢，过去领导同志不从积极方面加以政治领导，而却从消极方面反对服从个人倾向，显然是幼稚病的表现。"他的报告为消除党中央对贺龙的怀疑起了作用。

同年10月中旬，李立三命令红二军团进攻岳州。下旬，邓中夏率领部队渡江南征。进入江南后，在苏区地方武装的配合下，连克南县、华容、公安三座县城；11月又克津市、石门、临澧等城市，共歼敌万余名。但这些城市不久又被敌人占领。12月初，红军再度猛攻津市等城镇。由于敌军死守，何健又派两个师以上的兵力赶来参战，红二军团进攻受挫，主动退到松滋县的杨林寺一带，不料立足未稳，又遭到敌军三路重兵的轰击，以致遭受重大损失，洪湖根据地也惨遭摧残。血的教训使邓中夏开始认识到"左"倾冒险主义对红军的危害。他在1931年写给党中央的一份报告中说："我们要承认，渡江以来我们军事行动的最大错误，在于成了单纯的军事行动，而没有与巩固地方政权联系起来，没有执行很巩固地向前发展的方针，致结果虽然占领了无数城市都随得随失，而前方与后方完全断绝，今后当然应努力纠正这一错误。"

正当邓中夏为革命工作日夜操劳时，却遭到要"立刻撤销"他的"机会主义的领导"，责令他"必须立刻离开二军团"，并且调他回上海"检查错误"，听候中央处理。

1931年1月，邓中夏被错误地撤去党内外职务，到上海接受调查。他的妻子李瑛（即李惠馨）被派到上海的一家日本纱厂工作，同时照顾他的生活。这一期间，他们夫妇就靠李瑛每月挣的7元

钱（其中每月房租要交3元）来维持生活。处于困境的邓中夏，表现出一个共产党员对党无限忠诚的崇高品德。为了让妻子做好工作，他把全部家务都承担起来。有时疟疾发作，行走困难，他便撑着一条板凳，跌跌撞撞地忙着煮饭、洗衣，就连李瑛上工带的饭盒，也天天准时备好。当他的疟疾治好以后，于1932年初又一次要求组织安排些工作，结果被安置在中共沪东区委宣传部刻钢板、印传单。作为一名中央委员去干这些事，别人为他感到不平，而他却认为能为党做点工作就是最大的愉快。他天天按时上班，工作十分认真，一丝不苟。尽管遭受到了不公正的待遇，但他依旧相信革命的前途，不仅毫无怨言，而且坚定地执行党的各项决定。他说："一个人遇到挫折是难免的，也是不可怕的，可怕的是受到挫折就失去了信心。"在他的努力之下，沪东区的宣传工作开展得有声有色。

1932年"三八"妇女节前夕，上海地下工会准备发动工人游行，起草了一份"三八"节宣言稿。组织上叫在中共沪西委做妇女工作的帅孟奇去沪东区委宣传部找那位"很会写文章的同志"帮助修改。一见面，帅孟奇大吃一惊，想不到竟是邓中夏。帅孟奇在莫斯科学习时就认识他，知道他是一位在国际上知名的工运人物，为什么现在到上海一个基层党组织来工作呢？邓中夏看出了帅孟奇的疑虑，笑着说："共产党员嘛，哪里需要就到哪里。"他帮助帅孟奇修改好宣言后，还详细向她讲解宣传品要适合宣传对象，要有鼓动性，形式要活泼等问题。邓中夏常常以自己为例，耐心开导一些与他有类似遭遇的同志："我们这样的人做事，不能选择哪儿干得痛快，重要的是看对革命是否需要。最危险、最危难、别人都不喜欢的岗位，经得起考验的老同志，应当义不容辞地站上去。"

这就是曾任全国工运最高领导人的邓中夏，虽然个人受到组织不公平的对待，但他从不计较个人得失、始终勇敢地站在斗争前列，对党始终毫无怨言，对革命矢志不移、初心不改。

经受死亡的终极考验

1932年11月，中共中央派邓中夏担任中国革命互济会党团书记。邓中夏与时任互济会援救部部长何宝珍（化名王芬芳）假扮夫妻，潜伏在上海滩，在复兴中路近嘉善路口的民房里建立全国赤色互济总会机关，开始了一段生死相依、共同为革命事业奋斗的艰险历程。

何宝珍（1902—1934），1923年3月加入中国共产党，后与刘少奇结成伉俪。邓中夏亲切地称她为"宝姐"，对她极为尊重。

邓中夏与何宝珍"夫妻"二人都以教员的职业为掩护。首先，把互济总会的领导核心"中共党团"建立起来。接着，恢复被敌人破坏了的赤色互济会组织。上海及各地被敌人破坏了的互济会组织在短短的几个月内恢复起来，营救被捕同志和救济其家属的工作广泛开展。这引起了敌人的警觉。何宝珍发现全国赤色互济总会机关门前有可疑人的监视，当即以夜幕掩护"搬家"，建立了新的全国赤色互济总会机关。

1933年春，全国赤色互济总会机关又一次遭到敌人监视。邓中夏、何宝珍"夫妻"二人再次紧急"搬家"，转移到福履理路（今建国西路建业里）一家布店的楼上，建立了新的机关。

1932年11月2日，李瑛因为叛徒出卖被捕。李瑛被捕后，面对敌人的严刑拷打，坚不吐实。大半年时间，李瑛在狱内备受折磨，邓中夏在外面却不知爱人音信，"挂心"不已。直到李瑛回复了1933年4月27日邓中夏的来信，邓中夏方才放心。1933年5月8日，邓中夏又给狱中妻子李瑛写了一封信。身不由己的李瑛，怕信件落入敌人之手，暴露邓中夏，将信抄入日记中，销毁了原件。信件没有华丽辞藻，没有浓情蜜意的表达，但邓中夏关切李瑛的心情却也能窥见几分。多次打听未果的焦急，收到信后的喜悦，看似平常的关切，背后隐藏的是邓中夏对妻子深切的关爱与牵挂。特别让人印象深刻的是，邓中夏细心地问询什么时候带食物、带什么食物，还考虑到暗色布料适合牢狱生活，一个奔波于革命征途的铮铮汉子能如此缜密地想着这些琐事，更能说明邓中夏对李瑛无微不至的关怀和深深的爱。我们不知道李瑛给邓中夏的信中具体说些什么，但肯定除了报平安外，也有不少生活的嘱托，所以邓中夏才说："我很好，你嘱咐我的话，我当时记在心头。"平淡是真，夫妻之间可能少了恋人之间风花雪月的浪漫，但生活上柴米油盐的啰嗦，何尝不是另一种浪漫，一种更持久、更真诚的浪漫。

信中，邓中夏嘱托李瑛抓住机会向狱友学习英语，出来后可以更好地工作。信中还有些家长里短，如族里出了一些败家子，谁谁谁进了医院，实际上都是革命中的暗语，讲的是党内的情形。"平"指黄平，"宝姐"指何宝珍，当时都被逮捕入狱，进了"医院"。"败家子"指王明一伙，只有彻底清除了王明等人的错误路线，共产党"家道"才可以兴旺。除了生活，就是工作，就是革命。革命夫妻就是如此，小情小爱让渡于民族大义，耳鬓厮磨、花前月下都是奢侈。李瑛早已习惯和邓中夏如此交流。

由于互济总会的工作常常要与各方面人士接洽和商谈，同志们为他的安全担心，曾劝他要注意隐蔽，不要在公开场合讲话，尽量减少外出活动。而他却认为做工作固然需要善于隐蔽，但不能为了安全而失去与群众的联系，否则便毫无作为，会失去一个革命战士的作用。然而不幸的事终于发生了，1933年5月15日，他去找互济总会援救部部长林素琴商谈工作时，因叛徒出卖，遭到了法租界巡捕的逮捕。

邓中夏被捕后，敌人并不知道他的真实身份，只是怀疑他是林素琴的上级，是共产党的一个重要干部，便将他打得遍体鳞伤。而他只说自己叫施义，在湖南当教员，这次是来上海访友的。敌人通过一个叛徒不确切的口供，怀疑他与先期关押在牢笼里的女囚李瑛是一对夫妻，便有意安排一场会面，试图通过他们见面时的反应找出线索，可两人在法庭上镇定自若，看上去好像根本就没有注意到站在跟前的那个"陌生人"，破了敌人的毒招。不料，林素琴被引渡到上海警察局，向国民党当局供出化名"施义"的人就是邓中夏。蒋介石立即亲下手令，花现洋1万元买通法租界官吏，将邓中夏引渡到上海警察局，随即又押往南京宪兵司令部监狱。在狱中，他以一个共产党员的钢铁意志挺住了敌人的残酷摧残。监狱地下党支部通过难友对邓中夏说："同志们很关心你，你有什么打算？"邓中夏听后激动地说："请你告诉大家，就是把邓中夏的骨头烧成灰，邓中夏还是共产党员。"他的坚定态度，得到陶铸及其他难友的赞许。狱中支部领导得知这话深为感动，马上动员大家掏钱为邓中夏买饭，并说："他是我们党的中央委员，不能让他最后的日子那么苦。"难友们一听邓中夏的大名，纷纷捐钱，有的把衣物都卖掉，托看守到狱外餐馆订饭。邓中夏每次端过碗来，都激动不已，因为这一盘炒菜凝聚着的是同志们对革命正气的崇敬。

国民党当局精心设计了对邓中夏的所谓"攻心方案"。在狱中，面对敌人的威逼利诱，他将一个共产党人的铮铮铁骨展现得淋漓尽致，让反动派束手无策。邓中夏被捕后，一位所谓对中共颇有了解的专家劝他投靠国民党。邓中夏义正辞严地拒绝了他的"好意"："你有什么资格谈我们党的错误，一个患深度杨梅大疮的人，有资格嘲笑偶尔伤风感冒的人吗？民国十六年，你们

背叛革命搞大屠杀，向帝国主义献媚、邀宠，清皇帝不敢做的
事，你们却敢冒天下之大不韪，至于死，对我们来说，入狱、杀
头视如家常饭。"邓中夏对党的忠贞让敌人利诱的如意算盘落了
空。在这些"攻心"战中，有前来劝降的叛徒，结果不待开口，

就被邓中夏怒骂得灰溜溜地走了；还有前来劝说的国民党中央委员。有一位国民党中央委员，声称要与邓中夏谈谈理论上的问题，在两三个小时的争辩中，他却把这位委员批驳得瞠目结舌，无言以对。最后，他对这人说："请你转告你们的中央委员会，假如你们认为自己有理，我邓中夏有罪，那就请你们在南京公开审判我。我可以与你们订一个君子协定：你们全体中央委员都可以出席；我嘛，连辩护律师也不要。最后谁情亏理输，便要自动向对方投降。"他还说："我量你们的蒋委员长第一个就不敢这样做！"

敌人见诱降无效，就一次次地用酷刑摧残他的肉体，他被折磨得遍体鳞伤，右脑上离耳朵不到一寸的地方，露出粉红的肉色疤痕。即便如此，关于党的秘密，他也没有向敌人透露过一个字。

在一次审判中，军法官歇斯底里向他提问："难道你就不想出去，就不想获得自由？"他幽默地笑道："我看你们在南京坐不了十年！"他回到牢狱后，在墙壁上写下10个大字："但看十年后，红花遍地开。"又给中央留下一封信："同志们，我要到雨花台去了，你们继续奋斗吧！最后胜利终究是属于我们的！"1933年9月的一天早晨，敌人把邓中夏押出来，对他说："这是你最后的悔过机会了，你还有话要说吗？"邓中夏斩钉截铁地说："我一生未做过后悔的事。我也没有什么话要对你们说。"

9月21日的黎明，当一辆囚车开到看守所的院子里，军警嚎叫"邓中夏出来"时，邓中夏从容地穿好衣服，然后向牢门走去。当他来到囚车旁，一个军法官问他还有什么话要说时，他转身看了看宪兵，对他们说："对你们当兵的人，我倒有一句话说，请你们睡到三更半夜时好好想一想，杀死了为工农大众谋福利的人，为人民求翻身的共产党人，对你们自己有什么好处？"把军法官气得大叫。邓中夏走上囚车，朗声大笑道："你们害怕了！总有一天，当你们的士兵觉悟过来的时候，你们的末日也就到来了！"他大声高呼"打倒国民党！""中国共产党万岁！""全世界无产阶级联合起来！"向刑场走去。敌人害怕邓中夏进行革命宣传，命令立即开枪，就这样，在雨花台下，邓中夏为共产主义事业英勇地献出了年仅39岁的生命。他不忘初心、献身革命，用39年的生命诠释了自己的初心故事。

雨花台，燃起共产党人的精神火炬，先烈们用生命见证共产党人的崇高信念。雨花台放射出来的绚丽光芒，跨越时空，穿透历史，激荡着人们的心灵，照亮实现中华民族伟大复兴"中国梦"的奋斗道路。2014年12月，习近平总书记在视察江苏时指出，在雨花台留下姓名的烈士就有1519名，他们的事迹，展示了中国共产党人的崇高理想信念、高尚道德情操、为民牺牲的大无畏精神。

邓中夏是一位马克思主义理论家，他注重在革命实践中学习马列理论，并与中国实际相结合。对理论学以致用，他明白要实现改造中国与世界的理想，就要用先进的理论唤起民众。他在对于指导和总结中国工人运动的学术研究方面，贡献较大。其《工会论（上编）》和《中国职工运动简史（1919—1926）》，是最早从宏观上对中国工人运动进行系统研究的两部专著，尤其是后者，直至今日仍是该领域有价值、权威的著作。许宝驹发表于1957年2月17日《人民日报》的《谒南京雨花台人民革命烈士墓，追怀邓中夏烈士》一诗中，称赞他"君治朴学实谨严，朱墨灿烂蝇头字"。他对革命矢志不移，对党忠诚，把一生都献给了党的革命事业。用生命维护党章尊严，被历史和人民永远铭记。他是"骨头最硬的工人运动领袖"。

叶挺独立团

"军旗从这里升起"的英雄部队

星仔说历史

　　北伐战争指的是1926年到1927年发生在中国大地上的，由广东革命政府发动的反对北洋军阀的战争。因为在辛亥革命失败后，北洋政府腐败无能，军阀内部派系林立，割据一方，导致百姓生活在水深火热之中。1924年，在中国共产党的努力下，国共两党形成了统一战线。1926年2月，中共中央在北京召开特别会议，明确指出党在目前的主要任务是推动广东革命势力向北发展，打破北方军阀割据的局面。1926年7月9日，广东革命政府领导的国民革命军十万人正式出师北伐。

　　叶挺在北伐战争中战功卓越，成为北伐名将。叶挺独立团在北伐战争中屡建奇功，为其所在的国民革命军第四军赢得"铁军"称誉，为国民革命作出了重大贡献。

人物简介

叶挺（1896—1946），原名叶为洵，字希夷，号西平，广东惠阳人，北伐名将，伟大的军事家，八一南昌起义的主要领导人，中国人民解放军创建人和新四军重要领导人之一。第一次国内革命战争时期，曾任国民革命军独立团团长、二十四师师长、十一军军长。1927年先后参加南昌起义和广州起义。抗战时任新四军军长。1941年皖南事变时被国民党逮捕，他拒绝蒋介石的威逼利诱，写出了著名的《囚歌》以明志。1988年，叶挺被中央军委确定为36位开国军事家之一。1989年经中央军委确定，被冠以"中国人民解放军军事家"的称号。

摧锋陷阵，如铁之坚

在广东省惠州市惠阳区的叶挺将军纪念园内，矗立着一座策马奋战的雕像，上面写着"领导抗敌卓著勋劳"八个刚劲有力的字。马背上奋勇杀敌的正是戎马一生、铮铮铁骨的叶挺将军。

第一次国内革命战争时期，叶挺独立团是一个令人如雷贯耳的名字，四军有铁军的威名，独立团所起的作用巨大。这个在广

叶挺将军纪念园

东肇庆组建的叶挺独立团，是一支什么部队呢？

第一支党领导的革命武装

　　1923年6月，在广州举行的中国共产党第三次全国代表大会，制定了革命统一战线的方针，从而实现首次国共合作。第一次国共合作的形成，促成了革命武装力量的建立。

　　1924年11月，中国共产党在取得孙中山先生同意后，由黄埔军校政治部主任周恩来主持组建了"建国陆海军大元帅府铁甲车队"，一年之后，在铁甲车队的基础上扩建为独立团，改称第四军独立团，叶挺担任团长，人们却通常以团长的名字称其为叶挺独立团。这支部队是中国共产党领导下的第一支正规武装，在北伐战争中写下浓墨重彩的一笔。

　　这是一支由中国共产党直接领导的、以共产党员为骨干的武装力量，团长和营长一级干部都是共产党员。名义上隶属于国民革命军第四军，但实际上由中共广东区委直接领导。团内建立了共产党的组织，中共广东区委还专门向独立团下达了四条指示：一是加强团内团结，必须加强党的领导，发扬民主，每周开一次党小组会；二是注意发展党组织，具备条件的干部要吸收入党；三是加强部队政治教育，严禁打人骂人；四是严禁贪污，连队官兵吃一样的伙食。

军校科班出身的叶挺，深知要想在军事上获得成功，就一定要把军队锤炼成一支军纪严明的新型革命军队，不仅在组织上、军事上，同时在思想上也要与党高度一致。叶挺将他在苏联学到的军事理论运用到了独立团的政治工作制度建立中，借鉴列宁和斯大林组建苏联红军的经验，将党的精神融入到群众中去。

为了建设一支革命队伍，从1925年11月到1926年5月，在肇庆驻军期间，部队初步建立了政治工作制度，开展了政治教育。周恩来曾指示：政治工作的任务是使"革命军队确实有革命观念"，使官兵懂得"革命军是党的军队，革命军的行动要依靠着党的政策"。叶挺经常召开政治工作会议，大力开展部队和群众的政治宣传和组织工作，将全体官兵的思想政治工作制度化和规范化，从而提高他们的政治素质。同时还向战士们宣传反帝反封建思想，让他们清楚为谁而当兵，为谁而打仗的道理。革除了旧军队的各种陋习，使独立团变成一支思想统一的新型军队。

北伐战争的先锋团

1926年5月底，独立团担负北伐先遣队的重任，先期开赴湖南前线。叶挺凭借卓越的军事才能带领官兵在战场上冲锋陷阵，攻坚克难。独立团出师后接连在湖南、湖北打了许多硬仗。渌田旗开得胜，醴陵步步为赢，平江大显神通，汀泗桥浴血奋战，大战贺胜桥，威震武昌城，所向披靡，立下了赫赫战功。其中有4个战役，对促进北伐战争胜利起着关键性的作用。第一仗是1926年6月4日攻打湖南攸县，首战告捷，打开了北伐军进入湖南的通道。8月26日至30日，又在汀泗桥和贺胜桥，以迅雷不及掩耳之势，先后打了两个硬仗，击溃了吴佩孚的主力。最后于10月10日会同友军，攻下了武昌城，取得了北伐战争的重大胜利。

叶挺独立团在北伐战争的两场著名大战是汀泗桥和贺胜桥战役。汀泗桥为鄂南第一门户天险，西南北三面环水，东面高山重叠，只有粤汉铁路桥可通。敌人以火力封锁铁路桥，不能通过。若挑选会游泳的敢死队在炮火掩护下游水过河攻打敌人，由于水面太宽，也不易成功。如何拿下汀泗桥，北伐军一筹莫展。8月26日下午，敌人集中炮兵火力，掩护千余步兵出击，打到第四军军部附近，独立团奉命反击敌人，激战数小时，将敌人击退。这时，叶挺独立团得到附近农民的支持，农民知道东边大山上有小路，可以绕到汀泗桥东北的古塘角。在农民的带领下，独立团绕道了古塘角，发起突击。北伐军在敌人不同方位同时发起进攻，敌人大为恐慌，不知道革命军是从什么地方打进来的，全线崩溃。

继汀泗桥大捷之后，叶挺独立团又打响了北伐战争的另一场著名大战——贺胜桥战役。贺胜桥地势险要，西以黄塘湖为依托，东以梁子湖为依托，当时涨水，两个大湖水间的陆地变得狭小了。敌军把两万多兵力、六十多门大炮、一百多挺机关枪配备在这个狭长的地带上，设立三道防线防守。第一线在贺胜桥以南约十里的桃林铺一带，第二线在贺胜桥以南约四里的印斗山一带，第三线在贺胜桥一带。贺胜桥南端有一条小河，因涨水原因，仅有一座铁路桥可以通过。根据作战计划，独立团由正面桃林铺附近沿铁路向贺胜桥攻击前进。8月29日黄昏，独立团由驻地出发，跑步到达桃林铺以南，敌军铁甲车从对面冲过来，在当地农民的指示和帮助下，独立团战士将稻草堆在铁路上，阻止了铁甲车。是日夜，独立团侦察吴军阵地，被发觉，发生激战。第二日早晨，独立团突破敌人第一线阵地，吴佩孚亲来督战，其大刀队在贺胜桥铁路上阻拦退却的官兵，其增援部队也陆续前来。独立团前仆后继，伤亡甚大。后北伐军援军到达，将吴佩孚军击退。

贺胜桥之战胜利后，北伐军一路打到武昌城下。9月5日独立团奉命为攻城部队，以第一营为奋勇队，以竹梯攀登城垣，天未明全营迫近城下，遭到敌人猛烈射击，不到二十分钟全营几乎全部覆灭。此役阵亡营长一员、连长三员、排长四员、士兵六十余人；伤连长一员、排长二员、士兵八十余人，损失步枪四十余支。武昌攻城受挫后，北伐军改强攻为围攻，终于10月占领武昌城。历经汀泗桥、贺胜桥和攻打武昌城等著名战役，独立团浴血开路作先锋，排山倒海扫顽敌，坚定革命信念，继续奋勇前进。

独立团在战斗中，充分发挥了共产党员、共青团员的模范带头作用，不怕牺牲，冲锋在前。9月北伐军围攻武昌城，独立团一营被指定为奋勇队，由于有了共产党员的带头作用，全体官兵浴血奋战，前赴后继，抢先登城。共产党员营长曹渊发扬了"革命军人有进无退"的精神，战斗到生命最后一刻，充分表现了独立团官兵的勇敢牺牲精神。

独立团勇猛善战，所向披靡，屡建奇功，谱写了一曲曲气壮山河的英雄赞歌。在整个北伐战争中，独立团伤亡约1000人，其中牺牲的有600多人。攻克武汉后，当地人士造了一面嵌着"铁军"两字的铁盾赠予第四军，给予这支英勇善战、进兵神速、纪律严明、战功卓著的队伍以"铁军"的荣誉，铁军威名由此而来。人们称赞"铁军"是"摧锋陷阵，如铁之坚；革命抱负，如铁之肩。功用若铁，人民倚焉；愿寿如铁，垂忆万年"。充分反映了人民对"铁军"的爱戴和期望。

大革命失败后，以叶挺独立团为骨干扩编的部队以及原叶挺独立团的部分干部，参加了"八一"南昌起义，打响了武装反抗国民党反动派的第一枪。此后，他们又参加了秋收起义、广州起义和井冈山会师，开创了中国共产党独立领导革命武装斗争的新时期。之后在中国革命的各个历史时期，由叶挺独立团主体发展演变而成的部队，成为人民军队的骨干力量。

人要上行　叶要上挺

叶挺出生在广东省归善县（1911年改名为惠阳）周田村一个贫苦的农民家庭，家里常常入不敷出，其父叶锡山在生计艰难中对叶挺寄予厚望。叶挺眉清目秀，天资聪慧，4岁时在叶父的教导下认读《三字经》等启蒙读物，并深受"孝悌忠孝、礼义廉耻"的影响，孩童时期不和别的小孩打闹，深受邻里乡亲的喜爱。

"人小鬼大"的叶挺喜欢听书、听戏，特别是听到赵子龙决战沙场、岳飞精忠报国的英雄人物故事时，敬意油然而生，同时也在其心底埋下愤世嫉俗的种子。叶挺喜欢自己动手做戏剧中的刀、枪、棍、棒等道具，常常领着一批和他年龄相仿的小朋友"舞刀弄枪"，"打打杀杀"，游戏中也充分展露出叶挺的号召力和领导力。有次叶挺捡到一颗子弹，趁父母不在家的时候，便将它扔在尚有火星儿的灶膛里，"嘭"的一声巨响，子弹爆炸，锅也被炸了个底朝天。叶挺为此挨了父亲的一顿狠揍。

小时候叶挺就读于腾云小学，学校有位陈敬如老师，是一个崇尚新学、具有远大抱负和进步思想的新派人物。陈敬如老师善于理论联系实际，针对社会现象，抨击时弊，极大激发了学生学习热情。叶挺遇到恩师陈敬如的指点，如鱼得水，如饥似渴地遨游在新知识的海洋之中。陈敬如老师讲到郑士良、陈少白在惠州发动起义并取得成功之时，叶挺激动万分，不仅为家乡人民的英勇无敌而自豪，更在心中萌发长大后救国救民，当革命军人的想法。陈老师时常跟他探讨一些社会现象，并主动介绍章炳麟、邹容所写的具有早期民主革命思潮的新书给叶挺看。叶挺对这些进步书籍爱不释手，经常看书至深夜。

叶挺家后面有一个茶亭，他常常在此处全神贯注地看书，每当看到精彩之处，情不自禁地高声朗诵，特别喜欢慷慨激昂地朗诵文天祥的《正气歌》、岳飞的《满江红》，常常引来路人驻足聆听。这个茶亭至今犹在，后人为表达对叶挺这位抗日将领的敬佩之情和缅怀之意，将其改名为"读书亭"，也借此激励后代人用功读书，报效祖国。这段时间，叶挺的思想进步很快，厌恶封建的礼教和专制的束缚。

1907年惠州革命党人在惠州七女湖举行武装起义，不久失败，他们的革命行为在叶挺的脑海中打下深刻烙印；惠阳地区的廖仲恺、邓铿等民主革命家的英勇斗争精神也给少年时的叶挺留下深刻印象。

叶挺原名叶为洵，后改名为叶挺，取"人要上行，叶要上挺"之意。叶挺之子叶正大曾透露：我原来的名字是福农，后来父亲给我改为正大，老二福麟改为正明，下面依次改为华明、正光，父亲最疼爱的女儿——我的五妹改名为扬眉。父亲说：你们的名字合起来就是"正大光明，扬眉吐气！"

军校佼佼者

1912年，16岁的叶挺考入位于广州黄埔的广东陆军小学，编为第七期学生，从此叶挺开始踏上革命的征程。叶挺对军事知识具有与生俱来的天赋，在校期间刻苦学习，在基础学科、军事学科和军事操练等课程中成绩优异，而且文笔极佳，常借古讽今，深受同盟会成员的赏识和器重。1915年叶挺以优异成绩考入湖北陆军第二预备学校，继续学习军事。叶挺与邓演达既是同乡又年龄相仿，读书期间二人相见恨晚，经常交流心得，切磋军事技术，畅谈局势，互相学习，互相勉励，结下深厚的友谊。共同

的志向和进步的思想，更加坚定叶挺勇
往直前地追求革命的信念。叶挺在湖北
陆军第二预备学校学习期间，袁世凯为
达到复辟帝制的野心，不仅疯狂镇压孙
中山领导的二次革命，而且卖国求荣，
公然接受日本提出的"二十一条"。叶
挺忧国忧民，他与邓演达等一批进步人
士一起，前往学校附近的湖北督军王占

叶挺肖像

元的炮兵团基地，宣传进步思想，策划反袁活动，共同声讨袁世
凯的卖国罪行。虽然这次活动惨遭血腥镇压，但这次革命党人的
浴血奋战，在叶挺的心中撞击出爱国爱民的思想火花。李大钊在
《新青年》上发表的一篇名为《青春》的檄文，猛烈抨击封建礼
教，深刻揭露思想禁锢的危害，文中所阐述的新观点、新思想，
为叶挺等新青年走上提倡民主、提倡科学的新文化之路指明了
方向。

1916年，叶挺以优等生的资格升入保定陆军军官学校第六
期。入校途中，叶挺目睹满目疮痍的祖国大地，忧愤难平，更加
坚定走革命道路，探讨救国救民之策的决心。作为当时全国陆军
最高学府，学校设有步兵科、骑兵科、炮兵科、工兵科和辎重兵
科。叶挺在工兵科学习期间，除了学好规定的课程之外，一如既
往地阅读社会科学的书刊，不断追求进步，探索真理。

因家中父母相继去世，家境困难，无力再支持叶挺完成军校的学业，在保定军校学习了两年的叶挺暂时回到家乡，时年22岁。叶挺虽闲居家中，但仍心系国家。他在家乡参加劳动之余向青少年宣传进步思想，讲解革命真理。桂系军阀莫荣新为笼络人心，派人邀请叶挺，委任他为惠阳县县长，遭到叶挺的严词拒绝。拒绝任职后的叶挺陷入沉思，在军阀混战的乱世，民不聊生，生灵涂炭，此情此景，深深刺痛叶挺的心。1919年叶挺到福建漳州参加援闽粤军，师承邓仲元，在第一支队任参谋一职。

1924年，叶挺前往苏联留学，在莫斯科的东方大学和红军学校中国班学习，加入了中国共产主义青年团，同年12月经王若飞、王一飞介绍加入中国共产党。叶挺这次到莫斯科"充电"，为叶挺一生的辉煌插上了腾飞的翅膀。1925年9月回到中国，后不久奉命转往肇庆，参与组建以共产党员为骨干的国民革命军第四军独立团，任团长，这就是大名鼎鼎的"叶挺独立团"。

八一起义，举旗南昌

1927年3月，中国政局突变，蒋介石在南京另立中央，公开与武汉的汪精卫集团决裂，即所谓"宁汉分裂"。同年4月蒋介石集团发动四一二政变，7月汪精卫集团发动七一五事变，大肆屠杀共产党人，导致始于1924年国共合作的反帝反封建大革命遭到失败。

8月1日凌晨，南昌起义爆发，揭开了中国共产党独立领导

叶挺与参加过南昌起义的新四军干部合影。右起一是陈毅，二是周子昆，六是叶挺，九是朱克靖

武装斗争和创建革命军队的序幕，打响了反对国民党统治的第一枪。这天，起义的红色信号将南昌城映得通亮，南昌起义的枪声骤然响起。叶挺和贺龙等指挥所部向敌人发起猛烈攻击。叶挺亲临战斗第一线，将他的指挥部设在战斗激烈的天主堂附近一所女子学校，指挥部队奋勇杀敌。部队按照原定部署，向敌人发起猛烈攻击，叶挺所带领的第二十四师，所向披靡，连战皆捷，又一次显示了"铁军"的威力。经过几个小时的激烈战斗，歼灭南昌城内的全部守敌，南昌起义取得了胜利。作为南昌起义的主要领导人，叶挺参与了起义的策划、组织和指挥，为我党创建人民军队建立了不朽功勋。

南昌起义后，叶挺听从中央安排率领部队南下广东，于12月11日与张太雷等中国共产党人一起领导发动了广州起义，叶挺担任工农红军总司令。此次起义，中国共产党首次打出了"红军"旗号，只是当时红军人数少，又没有后方补给基地，故而在国民党强大武装力量的围追堵截下，广州起义遗憾地失败了。12

日晚，起义军被迫撤出了广州城，叶挺也流亡欧洲，与党失去了联系。

在烈火和热血中得到永生

抗日战争爆发后，1937年8月，周恩来在上海会见叶挺，请他出面改编红军南方游击队。国民党方面，因为叶挺是有着巨大影响的北伐名将，又知道他当时已不是共产党员，也想拉拢他。9月28日，国民政府军事委员会任命叶挺为新四军军长。叶挺的政治态度十分明朗，任命他为新四军军长的命令一发布，他就毫不犹豫地奔赴延安。共产党高规格迎接他。毛泽东亲自主持了在抗大礼堂举行的欢迎大会。从此，叶挺运筹帷幄，率领新四军身经百战，奋战在抗日前线。

1941年1月，国民党制造了震惊中外的皖南事变。新四军在安徽泾县茂林地区，遭遇国民党8万余人的包围攻击。叶挺军长指挥部队奋起突围，浴血奋战，最终因寡不敌众，弹尽粮绝，死伤惨重。叶挺执行中央指示，保存干部，减少牺牲，下山与国民党军队谈判，却被国民党囚禁。周恩来奋笔题词："为江南死国难者志哀！""千古奇冤，江南一叶；同室操戈，相煎何急？！"

叶挺被扣押后，国民党威逼利诱，劝叶挺发表宣言，声明新四军违犯了军令，只要这样做就可以出狱，甚至可以做官。叶挺坚贞不屈，严词拒绝。蒋介石令其"绝对服从我，跟我走"，叶挺则斩钉截铁地回答："我不能这样做，请枪毙我吧！"并在写给蒋介石的信中再次表示："挺不愿苟且偷生，以玷前修，愿保其真情而入地狱。"叶挺宁折不弯之浩然正气，表现了共产主义战士一不怕枪毙，二不怕坐牢的英雄气概。在暗无天日的重庆囚室里，叶挺遭受国民党当局无理拘押，面对高官厚禄，他丝毫不为所动，写下了感情炽烈、气势豪迈的《囚歌》。

> 为人进出的门紧锁着，
>
> 为狗爬出的洞敞开着，
>
> 一个声音高叫着：
>
> 爬出来吧，给你自由！
>
> 我渴望自由，
>
> 但我深深地知道
>
> 人的身躯怎能从狗洞子里爬出！
>
> 我希望有一天，
>
> 地下的烈火，
>
> 将我连这活棺材一起烧掉，
>
> 我应该在烈火与热血中得到永生！

这首著名的《囚歌》，充分表现了一个共产主义战士的傲然风骨和大无畏的革命精神。郭沫若在《叶挺将军的诗》一文中曾如此评价该诗："他的诗是用生命和血写成的，他的诗就是他自己。"

1946年，抗日战争胜利后，经中共中央反复交涉，被囚禁的叶挺终于获得自由。在获释的第二天凌晨，他便致电中共中央："决心实行我多年的愿望加入中国共产党，在你们的领导下，为中国人民的解放事业贡献我的一切。"这一举动，充分体现了叶挺对党的忠贞，对共产主义理想信念的坚守。

叶挺在出狱后10个小时写就的入党申请，马上受到了党中央的高度重视。电报发出的第二天，中共中央就以异乎寻常的速度给叶挺回电。这份由毛泽东亲自修改润色的批准电文，称赞他忠诚地为中国民族解放与人民解放事业进行了20余年的奋斗，经历了种种严峻的考验，决定接受他入党。在胡乔木草拟的复电中，起首称叶挺为"叶希夷"，毛泽东将其改为"叶挺同志"，后改为"叶挺将军"，最后又改成"亲爱的叶挺同志"，其中心意，溢于言表。

可惜壮志未酬身先死。4月8日，叶挺与王若飞等人从重庆乘飞机回延安。不幸的是，飞机途经山西兴县黑茶山时遇险坠毁，机组人员全部遇难。叶挺，一代名将，享年50岁。周恩来在叶挺遇难后挥笔写下祭文："希夷！你是人民队伍的创造者，北伐抗战，你为新旧四军立下了解放人民的汗马功劳。十年流亡，五年监牢，虽苍白了你的头发，但更坚强了你的意志。"毛泽东在《解放日报》发表悼词说："为人民而死，虽死犹荣。"

正如叶挺在《囚歌》中慷慨悲壮地写道"我希望有一天，地下的烈火，将我连这活棺材一起烧掉，我应该在烈火与热血中得到永生！"在叶挺将军50岁的生命里，有十分之一的时间是在失去自由的状态下度过的。不难想象，这些慷慨悲壮的诗句浓缩着将军对于烽火年代牢狱生涯的深切体验，又分明地彰显出将军那铁一般的信仰追求和铁一般的坚强毅力与意志！

编者点评

　　心中有信仰，走得再远也不会迷失方向。叶挺戎马一生，铮铮铁骨仪，拳拳爱国情。他心系天下，忧国忧民；他嫉恶如仇，视死如归；他严于律己，公私分明；他骁勇善战，有勇有谋；他带领的"铁军"攻无不克，战无不胜。叶挺将军，人如其名，在历史长河中永远挺立！"铁军"的"铁"始终是滚烫的、殷红的，人民军队的红色基因与革命理想的赤热火焰，使它永远保持着熔炉的火红和温度。"不忘初心，牢记使命"，我们回望"铁军"的奋斗历程，铭记先烈的赫赫功绩，更应传承其红色精神，坚定理想信念，勇于开拓创新，为实现中华民族伟大复兴的中国梦而努力奋斗。

叶剑英

人生贵有胸中竹　经得艰难考验时

星仔说历史

　　中国共产党第三次全国代表大会正确地估计了孙中山和国民党的革命立场，决定共产党员以个人身份加入国民党，实现国共合作。在中国共产党人的参加与帮助下，孙中山在广州召开了国民党第一次全国代表大会，重新解释了三民主义。大会通过了共产党人起草的以反帝反封建为主要内容的宣言，确定了联俄、联共、扶助农工的三大政策，从而把旧三民主义发展为新三民主义。国民党的"一大"标志着第一次国共合作的正式建立。以国共两党合作为特征的革命统一战线的建立，加速了中国革命的进程，在中国革命历史上出现了轰轰烈烈的大革命。由于蒋介石和汪精卫控制的国民党右派不顾以宋庆龄为代表的国民党左派的坚决反对，宣布与共产党决裂，于1927年分别发动了"四一二""七一五"反革命政变，公开叛变革命，致使第一次国共合作破裂。标志着轰轰烈烈的大革命彻底失败了。

叶剑英（1897—1986），原名叶宜伟，字沧白，广东省梅县人。叶剑英是久经考验的共产主义忠诚战士，坚定的马克思主义者，伟大的无产阶级革命家、政治家、军事家，中国人民解放军的缔造者之一，中华人民共和国的开国元勋，长期担任党、国家和军队重要领导职务的卓越领导人，十大元帅之一。

叶剑英从青年时代起就立志追求真理、救国救民。他投身于孙中山先生领导的民主主义革命，征讨桂系军阀，抗击陈炯明叛军，护卫孙中山脱险，参与创办黄埔军校，驰骋东征和北伐战场，成为国民革命军的名将。他从斗争实践中认识到，只有马克思列宁主义和中国共产党才能救中国。1927年，在蒋介石和汪精卫相继背叛革命、大批共产党人惨遭杀害的严峻时刻，他毅然通电反蒋，加入中国共产党，由一个爱国的民主主义者转变为共产主义者。从此他对共产主义这一人类社会发展的最高理想坚信不疑，并为之执着地奋斗了一生。

在大革命失败后的白色恐怖中，叶剑英坚定机敏地策应南昌起义的组织准备工作，参加领导广州起义。这两次起义和秋收起义一起，成为第二次国内革命战争和创建人民军队的伟大开端。在中央苏区，他拥护毛泽东同志的正确路线，参与第二、第三、第四次反"围剿"的作战指挥，为红军建设作出重要贡献。长征途中，他坚决维护全党全军的团结，机智勇敢地同张国焘分裂红军、危害党中央的阴谋作斗争，为党中央和红军胜利北上立了大功。毛泽东同志后来曾多次称赞叶剑英同志在这一关键时刻"救了党，救了红军"。根据党中央的方针，他协助周恩来同志，促成西安事变的和平解决，形成国共两党再次合作、一致抗日的局面。抗日战争爆发后，他先后到南京、武汉、长沙和重庆等地参加党的领导工作，坚持党的抗日主张和统一战线政策，积极扩大党的影响。回到延安军委总部后，他协助毛泽东、朱德同志指挥我军对日作战。抗战胜利后，他协助周恩来同志同国民党谈判，达成停止内战的协议。随后他领导中共代表团在北平进行军事调处，同国民党进行针锋相对的斗争，揭露国民党当局破坏停战、发动内战的真实面目。解放战争时期，他在晋西北领导中央后方委员会的工作，有力地保证了党中央和毛泽东同志转战陕北、指挥全军作战。他为北平的和平解放和接管做了大量工作。他指挥解放广东和海南岛的战役，夺取华南战场的最后胜利。

中华人民共和国成立后，叶剑英主持华南、中南地区工作期间，胜利完成了剿匪、土改、建立人民政权和恢复发展生产等各项任务。1954年后，他长期担任中央军委领导工作，创造性地运用毛泽东军事思想，领导和组织全军的教育训练，开拓军事科学研究，为建设现代化正规化的革命军队呕心沥血，成绩斐然。"文化大革命"期间，他坚决同林彪、江青反革命集团作斗争，为维护军队和全国的稳定，为抵制和纠正"文化大革命"

的错误，奋不顾身，顽强努力。1976年，华国锋和叶剑英代表中央政治局，坐镇指挥，一举粉碎了祸国殃民的"四人帮"，延续十年之久的"文化大革命"到此结束。从危难中挽救了党，挽救了国家，挽救了中国的社会主义事业。叶剑英同志排除阻力，坚决主张请邓小平、陈云同志等老一辈革命家立即出来担任党和国家的领导工作，坚决主张平反一切冤假错案，坚决支持关于真理标准问题的讨论，为党的十一届三中全会确立正确的路线方针政策，实现党和国家工作的伟大历史性转折，作出了重要贡献。他全力支持邓小平同志开创的社会主义改革开放和现代化建设事业。他主持全国人大工作期间，有力地推动了新时期的民主法制建设。他在1979年1月主持全国人大常委会通过《告台湾同胞书》，又在1981年9月发表了著名谈话，进一步提出了实现和平统一的九条方针政策，对推动祖国统一大业的进程，起了重要作用。

在新的历史时期，他以身作则地推动党和国家领导干部的新老交替与合作，主动提出退出领导岗位。1986年逝世，享年89岁。

为什么入党？这个问题，每个党员在入党前都思考过。时代在变迁，但对共产党人的要求却始终如一，相信叶剑英的入党故事，能对我们坚定理想信念，补足精神上的"钙"起到积极的作用。

追求真理　毅然选择加入中国共产党

受到进步老师以及进步报刊、书籍的影响，叶剑英对反帝反封建的资产阶级民主革命产生了朦胧的认识，尤其是孙中山武装斗争的思想，给叶剑英留下了特别深刻的印象。

辛亥革命成功后，叶剑英受到鼓舞，把读书与救国联系起来，显示出非凡的抱负，并表现出勇敢尚武的精神、反抗强权的意识与良好的组织能力。1913年，已经16岁的叶剑英，进入梅县东山中学读书。他如饥似渴地阅读孙中山的著作，以及其他进步书籍，思想越来越激进。"我来无限兴亡感，慰祝苍生乐大同"。他决心改造这个旧世界，为实现"大同"理想社会而奋斗。

在即将从东山中学毕业时，叶剑英因举办学生成绩展览会一事与校长发生严重冲突。校长非常恼火，严厉训斥叶剑英，并以扣发毕业文凭相威胁，责令叶剑英认错。叶剑英决不低头，收拾行李就离校回家。后来，校长有些后悔，托人带信给叶剑英，希望他回校认错，领取文凭。而叶剑英心中想的是如何实现自己的理想，岂在乎一纸文凭？他当即回信，说："自古英雄多出自草莽，大丈夫何患乎文凭！"叶剑英毅然拒绝了校长的要求，离开了东山中学。

1917年，叶剑英以优异成绩考入云南讲武学堂，并改名为"叶剑英"，把自己的远大志向和人生理想，全部寄托在"剑"

中，"剑"代表战斗。

1919年底，叶剑英以优异成绩毕业，取得陆军炮兵少尉军衔。云南都督唐继尧有意重用这位青年才俊，准备将他留校。当时，留校的确是一种很不错的选择，许多人求之不得。可叶剑英报国心切，执意投奔孙中山领导的粤军，谢绝了唐继尧的挽留。

当时，孙中山一心一意发展粤军，指望依靠这支部队继续推进民主革命。在孙中山的苦心经营下，粤军发展到两个军两万多人。1920年春，叶剑英离开家乡，千里迢迢奔赴福建漳州，参加了粤军，在熊略支队担任见习教官，训练士兵操炮。很快，他就加入了孙中山领导的中国国民党。初出茅庐的叶剑英，在第一次粤桂战役中，成功策划了桂系多支部队反正，为粤军的胜利做出了重要贡献。1921年12月，孙中山领导粤军再度打败桂系军阀后，在广西桂林设立北伐大本营，叶剑英担任孙中山随员，有机会直接聆听孙中山的教诲。孙中山的民主革命思想，深深触动了叶剑英。

1922年4月，叶剑英担任海军陆战队营长。6月，孙中山一手栽培的粤军前总司令陈炯明发动叛乱，企图危害孙中山。孙中山的卫队只有50人，情况万分危险。叶剑英随军舰接应孙中山，一直保护孙中山撤退到海上。之后，他亲自起草讨陈电文，抨击陈炯明的罪行，号召"誓为前驱，歼灭逆贼"。港澳和华侨各埠报纸，纷纷转载此电，对陈炯明造成了强大的舆论压力。在孙中山蒙难55天的日子里，叶剑英始终忠于职守，率领士兵护卫着这位民主革命的领袖。孙中山临危不惧，威武不屈，为了革命事业，丝毫不顾及个人安危的高尚品德，给了叶剑英极大鼓舞和教益。叶剑英的出色表现，也引起了孙中山的注意。此后，孙中山组织部队，讨伐陈炯明。1923年1月16日，北伐军重新占领广州，建立革命政权。孙中山返回广州，设立大元帅府，自任陆海军大元帅，继续指挥北伐军讨伐陈炯明。叶剑英升任第八旅参谋长，他与旅长张明达一起，取得言岭关大捷，名噪一时。

陈炯明叛乱，对孙中山是一个极大打击。正当他陷入绝望的痛苦之中，中国共产党人真诚地伸出了援助之手。1924年1月，孙中山在共产国际和中国共产党的帮助下，在广州主持召开国民党第一次全国代表大会，确立联俄、联共、扶助农工的三大政策，把旧三民主义发展成为新三民主义，第一次国共合作的局面正式形成。

孙中山的转变，也有力地促进了叶剑英的信仰转变。在孙中山的感召下，叶剑英废寝忘食地阅读马列主义著作及进步书籍。初步接触马列主义的叶剑英，世界观悄然发生了变化。他模模糊糊地认识到，马列主义才是真正解决中国面临的各种问题的科学理论，中国共产党才是真正代表中国工农大众的政党。

第一次国共合作推动了中国工人农民运动的蓬勃发展。全国许多大城市相继发生工人罢工，农民运动在全国各地风起云涌，轰轰烈烈的群众革命运动，有力地促进了中国革命高潮的到来。叶剑英在革命风暴中迅速成熟起来，特别是与中国共产党人的直接接触，更加速了他的世界观转变。

叶剑英与中国共产党人打交道，始于创办黄埔军校。创办黄埔军官学校，是国共合作后孙中山的一个重大决策。应廖仲恺的邀请，时任粤军第八旅参谋长的叶剑英，参加黄埔军校的筹办。叶剑英被分配到教授部给王柏龄当助手，分管教学方面的工作。筹备处刚刚成立，困难重重，既缺资金，又缺人手。叶剑英不辞劳苦，奔走于粤军各军、师之间，想方设法抽调人员、借款借枪，以应急需。正当筹备工作有条不紊地进行时，校长蒋介石因对孙中山不让他过问党务和军政大事的安排不满，借口经费拮据，停办军校，辞职返回家乡浙江省奉化县溪口镇。这一事件，搞得筹备处人心惶惶。叶剑英坚决执行廖仲恺关于继续筹办的指示，与其他人一道，夜以继日地工作。从制订教学计划、招聘教员、招考学生、编写教材，到置办教具，事无巨细，叶剑英都直接经手办理。在孙中山、廖仲恺的多次催促下，蒋介石又返回黄埔军校。

在黄埔军校工作时期，是叶剑英从一个革命民主主义者向一个共产主义者转变的重要阶段。黄埔军校是国共合作的产物，中国共产党参与了黄埔军校的创办，派出了大量的共产党员和青年团员在黄埔军校工作和学习。共产党的组织和党员在学校是合法存在的，并能够公开进行活动。在黄埔军校，建有中共黄埔特别支部。中共党员和青年团员积极开展各种活动，宣传马克思主义。师生既可以阅读三民主义书籍，也可以阅读共产主义书籍。

叶剑英经常参加共产党人举办的各类宣传活动，对马克思主义产生了浓厚兴趣。他购买了《共产主义ABC》《史的一元论》《社会进化史》《帝国主义说》等进步书籍，认真阅读。他还经常听苏联顾问和共产党人讲课。在共产党人、国民党左派及苏联顾问的影响下，叶剑英对马克思主义有了初步认识，对共产党也有了一些了解，希望投身到中国共产党领导的伟大事业中来，他正式向中共组织提出了入党申请。党组织接到叶剑英的申请后，派熊锐同他谈了一次话。在讨论是否吸收叶剑英入党时，大多数同志都持赞成态度，但也有一部分同志提出，叶剑英是蒋介石嫡系部队的高级军官，需要作较长时间的考验，不宜立即吸收。当时，中国共产党对国民党中上层人士的入党问题，态度非常谨慎，一般不吸收。就这样，叶剑英入党的第一次努力没有成功。

通电反蒋　招致被"永远开除"出国民党

1925年2月，在中国共产党的推动和支持下，黄埔军校学生军和粤军联合东征陈炯明。粤军由许崇智任总司令，蒋介石任参谋长。叶剑英参加了东征，在作战中，耳闻目睹了共产党人冲锋在前的英勇壮举。这次东征，以共产党员为骨干的黄埔军校教导团和建国粤军第二师及第一、四师等革命队伍，士气高涨，锐不可当。中国共产党组织动员沿途的工农群众，掀起规模巨大的群众运动，沉重打击了陈炯明势力，有力地支持了东征战役。东征军所向披靡，势如破竹，在不到两个月时间就打垮了兵力众多的陈炯明叛军。经历第一次东征的叶剑英，更加看到共产党和民众的巨大力量，思想向共产党进一步靠拢。

1925年3月，中国民主革命伟大的先驱孙中山在北京逝世。刚刚担任梅县县长的叶剑英，万分悲痛，组织梅县军民悼念孙中山，亲读祭文，表示誓死捍卫孙中山的革命精神，坚决完成孙中山未竟的事业。8月，国民党左派人士廖仲恺遭到国民党右派的暗杀，以身殉国。叶剑英悲愤交加，发誓为廖仲恺报仇雪恨。他登门去看望廖夫人何香凝和年少的廖梦醒、廖承志姐弟，并亲笔书写挽联悼念廖仲恺："念载尽忠党国，宏济时艰，赫奕大名满海内；崇朝遭狙云亡，天柱遽折，愁云暗淡笼羊城。"叶剑英决心坚定不移地执行孙中山、廖仲恺的革命政策，继续革命。

1925年8月，广东国民政府将广东各系军队统一整编为国民革命军5个军。蒋介石任第一军军长，周恩来任政治部主任。由于叶剑英在东征和平定陈廉伯商团叛乱等重大战役中表现出卓越的军事才能，蒋介石对他十分青睐。根据蒋介石的意见，叶剑英所在部队合并到第一军，叶剑英担任新编团团长兼两广盐务缉私处代办。9月28日，国民政府军事委员会任命蒋介石为东征军总指挥，发起第二次东征战役。叶剑英率新编团，随东征主力第一军向东江进发，于10月初进占淡水。随后，率部配合友邻部队攻克惠州。11月，东江平定，广东革命根据地基本统一。12月，蒋介石电令调叶剑英任其嫡系部队教导师的团长。不久，教导师改为二十师，叶剑英被提升为副师长。在两次东征中，叶剑英还与苏联军事顾问加伦、罗加乔夫等亲密合作，朝夕相处，结识了徐彬如（广东大学中共秘密总支书记）、包惠僧（教导师党代表）等共产党员，向他们借阅马列主义的书籍，请教时局和理论问题，对共产主义有了更多的理解。徐彬如回忆说，东征以后，叶剑英越来越靠近共产党，在政治上更加成熟了。

1926年7月，北伐战争正式开始。蒋介石命令第一军担任总预备队，调叶剑英任总预备队指挥部参谋长。北伐军两次进攻南昌，皆因指挥者王柏龄、王俊不接受叶剑英的正确意见而失败。蒋介石非常恼火，严厉训斥二王，表扬了叶剑英，特意允许叶剑英佩剑晋见。在当时北伐中的所有将领中，只有叶剑英能够享受这一"殊荣"。蒋介石还着意栽培叶剑英，委派叶剑英去一师当师长，叶剑英对高官厚禄不感兴趣，婉言拒绝了。不久，蒋介石任命叶剑英为新编第二师代师长。之后，叶剑英奉命将第二师带到江西吉安，进行训练。在吉安，叶剑英积极参加群众运动，经常出席总工会、商民协会等组织、团体的会议，还让党代表、进步的军官与学生联合会、妇女联合会等进行联欢，演出节目。

正当北伐军节节胜利的时候，蒋介石却在上海发动四一二反革命政变，残酷镇压工农运动，屠杀共产党人和革命群众。国民党右派在江西也制造反革命事件，镇压革命。形势骤变，白色恐怖笼罩全国。许多共产党人倒在了血泊之中，许多革命意志不坚定者叛变或退出了中国共产党。怎么办？叶剑英面临着人生最重要，也是最艰难的选择：或者继续留在蒋介石嫡系部队，为蒋效命，升官发财，享不尽的荣华富贵；或者是继续革命，那就要与蒋介石分道扬镳，另寻出路，这意味着什么，叶剑英当然十分清楚。

当时，叶剑英思想斗争十分激烈，他后来回忆说："宁汉分家以后，蒋介石说汉口反革命，武汉说蒋介石反革命"，"我对武汉没有多少怀疑。但蒋介石还是总司令。究竟跟着谁走？那时没人来，也没电报来。我就自己看报纸，关上门，想了几天，什么问题都想到了。我想到自己年轻时立志为国为民做点事，参加革命后当了师长。那时，师长每月差不多都有二三万元收入。二三万元不少了，10个月就是二三十万，公公道道，做二三年师长就是个百万富翁。……如果只是为了个人，跟蒋介石走，至少可以做大官。但是，蒋介石在上海屠杀工人，屠杀群众，变成了十足的反革命！一个革命，一个反革命，阵线已很分明了。参加革命，还是反革命？想了想，只有革命才有出路。所以，我就下了决心，通电全国反蒋。一边倒，倒到武汉方面。"他还说："有人说我是蒋介石的嫡系，蒋待我不错，蒋介石给了一个'巴掌'（职权），我拿这个'巴掌'打老蒋，这不合人情，对不住老蒋。其实，不是我对不住他。他在上海杀了那么多人，我怎能还跟着他干呢？"

叶剑英与蒋介石决裂，绝不是出于个人恩怨，而是为了国家的前途和人民的幸福。他把自己的决心告诉了几个左派军官，他们都表示支持。于是，叶剑英决定通电全国，公开反蒋。他召集全师军官开会，告诉大家：愿意革命的，拥护武汉政府的留下；拥护蒋介石，想去南京的，也请自便。叶剑英亲自起草并领衔签发反蒋通电，组织新编二师在吉安举行武装暴动。由于力量不足，很快被国民党军队镇压。

一开始，有人向蒋介石报告叶剑英举行暴动一事时，蒋介石不以为然地说："叶师长不会反对我们。"当蒋介石得知真相之后，暴跳如雷，立即让下属向国民党中央执行委员会起草呈文："前新编第二师代理师长叶剑英，率师驻次吉安，勾结共产分子，阴（谋）叛党，竟于5月13日鼓动该师学生队及师部监护队，勾结当地农民自卫军，将该师忠实部队逼令缴械，并将忠实官佐逮捕监禁。该师长叶剑英及跨党分子张克等倒行逆施，谋叛党国，即通令各军一体严缉惩办，拟请准该逆等一体开除党籍。"南京政府将叶剑英等"永远开除"出党，并通缉叶剑英。吉安的反动势力勾结起来，制造各种事端，矛头直指叶剑英，迫使他离开了吉安。

经受考验　最终加入中国共产党

离开吉安后，叶剑英从九江辗转来到武汉。当时，汪精卫把持下的武汉政府，表面上继续坚持革命，继续实行国共合作政策，实际上准备叛变革命。汪精卫一方面公开与陈独秀发表联合宣言，大唱革命高调，另一方面又与蒋介石达成默契，准备在适当时候公开"分共""反共"。武汉国民政府另一个重要人物谭延闿，担任国民政府军事部长等重要职务，与汪精卫一样，一面把自己打扮成"左派"，一面暗中与蒋介石勾搭，随时准备叛变。叶剑英同许多人一样，一时被汪精卫、谭延闿的假象所迷惑，对武汉国民政府抱有不切实际的希望。他找到谭延闿，汇报新编二师和吉安的现状，请求接济枪械、粮饷，共同反蒋。谭延闿敷衍搪塞，不肯资助，劝叶剑英暂时留在武汉，看看局势的发展再说。

叶剑英无可奈何，在武昌朝阳旅馆暂时住了下来。这家旅馆是广东人开办的，常有广东籍的客人来往和住宿。一个偶然的机会，叶剑英在这里遇到梅县同乡李世安。李世安是一名共产党员，1924年6月在广东大学（后改名中山大学）读书时入党，毕业后回到梅县任教。在广州时，他和叶剑英就见过面。后来，他回梅县，在东山中学和学艺中学同时兼任训育主任和国文教师。1925年第一次东征期间，叶剑英任梅县县长，多次去过母校东山中学和新办的学艺中学，两人再次相见，建立了友谊。1927年2月，李世安离开梅县到上海，见到了周恩来等人。后来转到武汉，在市公安局当主任秘书。他以这个公开身份作掩护，从事党的秘密工作。彷徨之中的叶剑英，见到李世安，非常亲切，经常找李世安谈心，双方有了更深的了解。

不久，叶剑英参加由谭延闿主持的国民议会，讨论宁汉分裂后的形势和前途。会上，叶剑英结识了国民革命军独立十五师师长贺龙。会后，叶剑英回到江西南昌，应邀出席当地驻军部分反蒋军官举行的集会，见到了第二军军官教育团（即南昌军官教育团）团长朱德。叶剑英在集会上慷慨陈词，说："有人问我反蒋图什么？我说我反蒋不图什么，只图个革命。我们革命的枪口要对准反革命。蒋介石自己跑到我们枪口上来，他自己当反革命，是自己找打的。我反对蒋介石不是因为有什么个人恩怨，而是因为他反革命。我们就是要讨伐反对革命的……"朱德连连称赞叶剑英讲得好。因江西局势动荡，叶剑英只好从南昌又折回武汉。此时，张发奎因战绩卓著，升任被称为"铁军"的第四军军长，他正踌躇满志，到处网罗人才。张发奎与叶剑英是老相识，听说叶剑英来到武汉，便邀请叶剑英来四军军部，留在自己身边工作。

4月19日，武汉国民政府举行第二次誓师大会，继续北伐，攻打奉系军阀张作霖部队，叶剑英在张发奎部队的前敌总指挥部，与邓演达、黄琪翔以及加伦将军等一起参与作战指挥。北伐军取得了重大胜利，与冯玉祥的国民军会师于郑州后，叶剑英随第四军从河南班师回驻武汉，被任命为第四军参谋长（军长黄琪翔）。

四军里的共产党员、国民党左派比较多，政治工作比较活跃。叶剑英在进步思想影响下，对时局有了新的认识。他看到了汪精卫、谭延闿这些人越来越走向反动，国民党官僚只谋一己私利，腐化堕落。只有共产党人大公无私，真心实意地为工农大众谋福利，把革命进行到底。因此，他更加坚定了加入中国共产党的决心。但是，到哪里去找共产党呢？当时那些原来公开身份的共产党人都隐蔽起来，一时找不到。于是，叶剑英一度想到列宁的故乡去探求共产主义。他请求邓演达帮忙，邓演达表示赞成叶剑英出洋，但考虑到形势复杂，不愿意出面介绍叶剑英去苏联。叶剑英又去找共产党员李世安。他把自己渴望入党的要求和几年来在找党、入党问题上遇到的波折和苦恼都告诉了李世安，希望李能想办法介绍他加入中国共产党。李了解叶剑英的过去，也了解叶剑英的现在。他从在第四军的中共党员、广东同乡柯麟、李人一等同志那里早已听说过叶剑英的政治表现和革命志向，知道他曾多次表示过要跟随共产党革命到底的愿望，便应承下来。

李世安心里明白，像叶剑英这样的国民党高级军官，虽然已经通电反蒋，但要在基层党组织里讨论他的入党问题，还可能发生波折。于是，他秘密找到周恩来，向周恩来汇报了这件事。周恩来想起自己同叶剑英的交往，当即肯定地说：他的底子我知道，是好的，我们应当表示欢迎。就这样，又过了一段时间，

1927年7月上旬，经周恩来同意，中共中央批准叶剑英为中共正式党员。为了保密和特殊的工作需要，党组织暂时要求他不要和其他党员进行联系，只让他与李世安等少数党员保持联系。叶剑英就此完成了他人生最伟大的一次转折。

叶剑英从一个朴素的爱国主义者，成长为一个坚定的共产党员，从一个革命的民主主义者，成长为一个共产主义者，历经了艰难曲折，经受了火与血的洗礼和复杂斗争的考验。

入党后，叶剑英的理想信念就再也没有动摇过。

　　"矢志共产宏图业，为花欣作落泥红"，是叶剑英不懈奋斗的光辉一生的真实写照。从国民党嫡系军官到共产主义者，叶剑英的艰辛入党之路经受了火与血的洗礼和复杂斗争的考验。他矢志不渝，对党和人民无比忠诚。他无私无畏，有胆有识。在各种严峻的考验面前，他总是把党和人民的利益放在首位，坚决同一切危害党和人民利益的行为作斗争。在重大和紧要的历史关头，他总是挺身而出，力挽狂澜，表现出伟大的革命气魄和高超的斗争艺术。毛泽东说他是"诸葛一生唯谨慎，吕端大事不糊涂"，给予他很高的评价。周恩来引用"疾风知劲草，板荡识诚臣"来赞誉他。

　　叶剑英胸怀宽广，谦逊质朴。他能顾全大局，团结同志，严于律己，富于批评与自我批评精神。他不计浮名不畏难，能上能下，任劳任怨。他始终保持高尚的革命气节，为党为民，一身正气。他一生勋业卓著，但从不夸耀自己，把一切功劳归于党和人民。"老夫喜作黄昏颂，满目青山夕照明"。在60多年的革命生涯中，他为中国革命、建设、改革事业殚精竭虑、不懈奋斗，建立了丰功伟绩。

东江纵队

顽强抗敌浴血粤港的东江纵队

星仔说历史

　　1937年7月7日，日军在北平附近挑起卢沟桥事变，中日战争全面爆发，也拉开了二战亚洲战场的序幕。中国人民艰苦卓绝的抗日战争，成为世界反法西斯战争的重要组成部分。

　　1938年10月12日凌晨2点，日军在惠州的大亚湾登陆，发动了对广东的进攻。此前广东4个师兵力已被蒋介石调到武汉，广东兵力空虚；而且大亚湾的国民党守军麻痹大意，处于第一线的大亚湾海岸线上仅有一个营300余人。除霞涌的少数部队做了较坚决的抵抗外，其他沿线防区守军一触即溃。日军登陆后，沿惠州、博罗、增城、从化几乎是长驱直入，此时只有防守深圳福田的国民党军第一五三师钟芳峻旅和防守增城正果的独立第二十旅，进行了有组织也有一定效果的抵抗，但10天之内广州就沦陷了。

　　从此，广东民众在日寇铁蹄下经历了7年的苦难生活，同时，在中国共产党的领导下，他们也开展了前赴后继、可歌可泣的敌后武装斗争。

东江纵队简介

日军在大亚湾登陆前后，中国共产党在东莞、增城、惠阳、宝安等县建立起人民抗日武装，开展了东江地区的抗日游击战争。这些人民抗日武装，辗转发展成第四战区"新编大队"和"第二大队"（又称"曾生、王作尧大队"），这就是后来成立的东江纵队前身。

中共中央、广东省委重视和关怀华南敌后游击战争，先后派

1945年8月东江抗日根据地示意图（图片来源：《东江纵队历史图集》）

出一批红军干部到东江游击区工作。1942年，东江这两支部队整编，组成广东人民抗日游击总队。1943年12月3日，根据中共中央指示，广东人民抗日游击总队公开宣布是中共领导的队伍，正式成立广东人民抗日游击队东江纵队（简称"东江纵队"）。本文为方便叙述，把1938年至1946年的这支抗日武装队伍都统一简称为"东纵"）。曾生任司令员，

尹林平任政委，王作尧任副司令员兼参谋长，杨康华任政治部主任。

在广东的7年抗战中，在党中央和广东党组织的领导下，东纵逐步发展壮大为一支拥有1.1万余人的队伍，组织民兵1.2万余人。根据地和游击区的总面积6万余平方公里，总人口约450万人。东纵成为华南人民抗日武装的主力，被中共中央誉为"广东人民解放的一面旗帜"，华南抗日战场成为全国四大敌后战场之一，赢得了海内外乃至国际反法西斯阵营的赞扬。

小鬼善战：以一当百的东纵五少年

"小鬼善战"是东纵的一个突出特点。那时，东纵有不少十三四岁至十六七岁的少年，除了当侦察员、交通员外，连队还往往把他们编成小鬼班，以发挥他们朝气蓬勃、灵活机智、英勇善战的优点。"以一当百光荣殉国"的东纵五少年便是其中的赫赫有名者。他们是黄友、傅天聪、尹林、赖志强、李明，牺牲时年龄都不到20岁。

黄友是东莞凤岗镇凤德岭村人。他小小年纪便失去了父母，本来还读着书的他只能是跟着牛贩当学徒，以换口饭吃。日军入侵东莞后，到处烧杀抢掠，才13岁的黄友找到了东纵，积极要求

东纵小战士（图片来源：《东江纵队图文集》）

参军打日寇。部队首长见他还没有枪高，劝他长大了再说。但经过他的反复要求，最终还是成了一名游击队员。那时正是1941年，中国共产党领导的敌后抗战最困难的时期。13岁的黄友在东纵独立第三中队（代号"飞鹰队"）里当了一名通讯员。

当时因为缺乏武器，没有给通讯员发枪，但黄友还是认真地跟着战士们进行军事技术训练，然后借机把战士们的枪拿在手里，摸了又摸，端了又端，羡慕得不行，完了也会发几句牢骚："枪也没有，拿什么去打日本鬼！"一天，他越想越不服气，便气冲冲地跑到队部，说："给我一支枪！"中队领导看到他这副气鼓鼓的样子，就跟他开起玩笑来："你还没有枪高，要枪干什么？"是啊，自己的确个头小。黄友没办法只好走了，但很快他就想出办法来了：通讯员可以不带枪，当战士总不能不给我枪吧？于是，他坚决要求到连队去当战士。中队领导被他缠多了，只好让他到小鬼班当战士，他高兴得蹦了起来。政委黄克严肃地对他说："枪是战士的生命。我们的枪都是从敌人手里夺过来的，来得不易啊！"他把政委的话记在心中，下决心也要从敌人手中缴到一支枪。

一次战斗中，已被提升为小鬼班副班长的黄友和战友们英勇突击，把日寇赶入蔗林里。他一马当先，冲进蔗林，与迎面扑上来的日军搏斗。这个日本兵个头不小，用刺刀直向他刺过来，他来不及躲闪，大腿被刺伤了。黄友怒火冲天，不顾伤痛，一枪就

把这个家伙打倒在地，缴了一支"三八"步枪。黄友拿着首次缴获的战果，跑到队长何通跟前："我缴到一支枪了！"此时，他什么伤痛全都忘记了。

到了1944年，经历了多次战斗考验的黄友加入了中国共产党，并被任命为小鬼班班长。他带的这个班不但作战勇敢，而且团结好、纪律好，成为飞鹰队的"英雄班""老虎班"。

而此时的日军为支援其在太平洋战争的作战，急需打通中国大陆的交通线，他们派出了重兵驻守铁路沿线据点，以确保广九铁路通车。东纵也派出两个大队和一个独立中队，挺进广九铁路樟木头至平湖段两侧，频频出击，与日军展开了通车与反通车的斗争。

1944年7月22日凌晨，刮起了十级台风，暴雨倾盆，东江纵队飞鹰队150人，连同民兵50余人，袭击驻广九铁路平湖车站东侧谭屋村的伪警察中队。一个小队前门助攻，黄友班和手枪队则作为主力，沿后山的甘蔗地从后门发起攻击。战斗打响后，副班长、牙买加归侨李查理在后门口中弹牺牲了。在这前进受阻的紧要关头，黄友带头用手榴弹压住敌人，又用小包炸药打开通路。在机枪火力的掩护下，他率先冲入敌营，后续部队紧跟着涌入。此战只用了20分钟，毙伤俘敌80多人，缴获长短枪70多支。

战斗结束后，部队冒着暴风雨马上撤退，队长、政委带队作后卫防敌追击，黄友仍率小鬼班在前面当尖兵。当部队走到老虎山下的凤岗沙岭时，突然，前面扫来一阵弹雨，3名战士当场牺牲。原来，驻守广九铁路平湖至林村段的日军大队长藤本闻讯带着400余人分三路向飞鹰队追击而来。当时，飞鹰队被日军火力压在一大片开阔的水稻田里。另一路日军则向老虎山迂回过来，飞鹰队若不及时突围，将有全队覆没的危险。在这危急关头，黄友率领全班战士冒着日军的密集火力，抢占了一条较高的田基路，掩护主力部队撤离。这条高约0.4米、宽约0.7米的田基路便成了黄友班的阻击阵地。

在黄友班的掩护下，飞鹰队队长何通、政委黄克组织部队交替撤出开阔地并争夺老虎山。但日军早已占据了老虎山制高点，用重机枪向飞鹰队射击；另一路日军100余人，又从飞鹰队后面扑来。飞鹰队奋勇冲杀，终于突出重围。可是，坚守阵地的黄友班5名战士已被日军团团围住，无法突围。飞鹰队主力撤到黄果坑村后，何通立即率领几名手枪队员绕到老虎山东北，准备策应和营救黄友班，但被日军包围于官井头村内，一时难以脱身。

黄友班在阵地上坚持了一个多小时，打退日军多次冲锋，傅天聪、尹林、赖志强、李明等4名战士先后牺牲。

傅天聪牺牲时，双手还紧握着枪，呈瞄准敌人射击姿势。他是在跃出小沟反冲锋时头部中弹牺牲的。傅天聪年纪和黄友一般大，日军侵入东莞时，他还是个高小学生，但也如黄友一样，义无反顾地加入了东江纵队。

尹林也只有17岁。他是1944年6月编入"小鬼班"的。他是个很好的射手，牺牲前曾杀死了十几个敌人。

沉静寡言的赖志强年龄则大一点，19岁，他曾经被敌人抓去编入伪联防队，但他机灵地逃了出来，当了一名游击队员。

李明，出生年龄不详，他是在1944年伪联防队起义时参加游击队的。

另有一名新战士身受重伤，打光子弹后奉命撤退，艰难地爬到阵地后面约40米远一条河沟的籁篷里才得以脱险。

日军又发起新一轮的冲锋。阻击阵地只剩下黄友一人在战斗了。他身上多处负伤，大腿被子弹打断，但仍趴在地上继续战斗。子弹打完了，他撕碎随身带的文件，又把驳壳枪和一本《党员须知》塞进稻田泥浆里，做好牺牲的准备。这时，日军端着枪冲过来了，黄友用尽全身力气扔出最后一颗手榴弹。"轰"的一声，前面的日军倒下了几个，后面的日军端着刺刀蜂拥而上。这位17岁的少年英雄身中十几刀，壮烈牺牲。

老虎山这场阻击战，毙伤日军40余人，飞鹰队牺牲的8人全

老虎山下五少年英雄
（图片来源：《东江纵队图文集》）

为黄友班的战士，负伤10余人。战斗结束后，手枪队队长冼粦奉命率队回到阻击阵地收集黄友等5名烈士的遗体，埋葬在老虎山下，并找回黄友埋藏的手枪和《党员须知》读本。另外3名战士遗体也由当地群众寻回埋葬在其他地方。

1944年11月，东纵司令部通报表彰并向党中央汇报了黄友的英勇事迹。纵队司令部和政治部发出通报，授予黄友"抗日英雄"的光荣称号，并将飞鹰队小鬼班命名为"黄友模范班"。延安《解放日报》以《东江纵队五少年英雄以一当百光荣殉国》为题，进行了详细报道。党中央和军委从延安复电东纵，追认黄友

延安《解放日报》对五少年英雄的报道（图片来源：《东江纵队图文集》）

建于东莞市凤岗镇花果山西侧的黄友亭（图片来源：《东江纵队图文集》）

为广东人民游击队战斗英雄、中国共产党模范党员。

深入港九：神出鬼没的刘黑仔短枪队

1941年12月7日（夏威夷时间）日本发动了太平洋战争，第二天清晨，从广州袭来的日本军机向香港启德机场扔下了炸弹。下午，日军的炮火仍在轰鸣，东纵便先后派出了3支武工队悄无声息地陆续插进"新界"、九龙，建立起抗日游击根据地。1942年2月，活动在港九的这几支抗日武装统一编成港九大队，蔡国梁任大队长，陈达明任政治委员。港九大队由东纵直接领导。他们在这块长期被英国殖民统治、现在又被日军侵占的地方，开辟了一个新的敌后战场，与凶残的日寇展开殊死的战斗，成为港九沦陷时期唯一的一支抗日武装队伍。

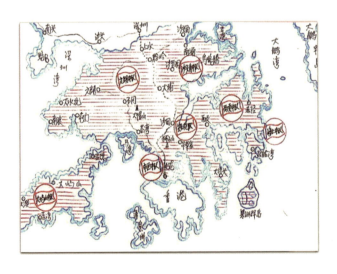

东江纵队港九大队各中队分布图

港九大队在各区都有一支短小精悍的武工队，其中最有传奇色彩的就是刘黑仔短枪队。

刘黑仔原名刘锦进。他1939年就加入了共产党，并以小学教员身份为掩护，从事党的地下工作。1941年香港沦陷后，他被调到港九大队沙田短枪队当副队长（后升为队长）。队里有10多名生龙活虎的队员，活跃在九龙、沙田间

刘黑仔画像（图片来源：《东江纵队图文集》）

的观音山、吊草岩一带，控制着港九与"新界"出入的交通要道，每次战斗只派出三四名战士深入敌人的要地，必获战果。

化装"花姑娘"消灭牛池湾哨卡的战斗，是西贡居民津津乐道的故事之一。这个日军哨卡控制着九龙市区进入西贡的通道，对游击队交通和村民出入市区，都带来很大的威胁，而且日军不时侮辱妇女，群众十分痛恨。1944年4月间，大队部下令刘黑仔拔掉这个钉子。

刘黑仔带着几个队员先去侦察，发现哨卡人数不多，但哨所前面有一大片开阔地，短枪队不容易靠近，唯有化装成村民才好接近敌人。那天一早，队员邱贵化装成客家村姑，把驳壳枪藏在菜篮子里，刘黑仔和其他4位队员化装成村民，挑着禾草，拎着鸡鸭，就出发去牛池湾了。

哨卡跟前，两个哨兵背着长枪在盘查行人。刘黑仔一行像村

民一样散散落落地走近哨卡，哨兵正在检查禾草里有没藏着武器呢，日本宪兵伍长看到来了个"花姑娘"，赶忙从岗楼下来，没想到还没看清楚模样，刘黑仔就掏出了驳壳枪，一梭子弹把伍长打倒在地。

接着，刘黑仔等人像闪电似的冲进哨所，这时所里的3名哨兵反应过来，正想往枪架上取枪，子弹已打到他们身上了。其余几个印度籍宪查（伪军宪兵）看见黑洞洞的枪口，唯有跪地求饶，后经游击队教育把他们释放了。来往哨卡的村民听到枪声就躲起来，一个也没有伤着。

为防止敌军增援，刘黑仔他们带着战利品跑步回石垄仔的驻地。他们没走大路，转上了杂草丛生的山路。这场几分钟的战斗打得太爽了！在渺无人迹的山林里，他们兴奋地唱起了《游击队员之歌》："在那高高的山岗上，有我们无数的好兄弟……"

从此，这个妨碍当地菜农进出谋生的钉子拔掉了，借此又开辟了短枪队在慈云山下的游击活动区。经常往来西贡、九龙的市民都拍手称快，高呼："中国胜利！"在此后一段时间里，市民们都传颂着"鱿鱼炒萝卜"（鱿鱼谐音指游击队，萝卜头是贬称日本仔）的故事。

肖九如是个混迹黑社会多年的流氓。日军侵占香港后，他当上了特务队长。这天下午，他要在地处九龙闹市区的金唐酒家宴请汉奸特务，借机炫耀身份。港九大队事先掌握了这一情报，决定由刘黑仔率领3名队员去除掉这名罪大恶极的汉奸。

　　刘黑仔等人乔装打扮，驾着缴获的日军小轿车，驶过九龙市区，"嘎"的一声停在金唐酒家门前。刘黑仔4人从车上下来，一律身穿绸衫缎裤，腰间插着驳壳枪。戴着墨晶眼镜的刘黑仔，对迎候的特务不屑一顾，在3名队员簇拥下，大摇大摆登上台阶，直奔二楼。

　　迎候的特务看到这哪敢不恭，赶忙把他们引入一个厢房。这时听到一阵脚步声，特务连忙说："肖队长来了……"刘黑仔一把按住他："不准做声！否则，要你的脑袋！"便衣特务一惊，结结巴巴地："你、你们是——什么人……"话未说完，嘴巴已被堵上一团毛巾。

　　刘黑仔透过厢房花格窗，看到瘦削如猴的肖九如被前呼后拥着走上楼来，汉奸特务们将他迎到主位上。肖九如举起酒杯说道："兄弟们，刚才宪查队长野间先生说了，要我们除掉顽匪刘黑仔等。我现在宣布：活抓刘黑仔，奖赏五千元！来，干

一杯！"

肖九如正得意忘形着呢，突然响起一声："慢，肖队长，五千元太小气了吧？"随着话音，刘黑仔领着3名队员走出厢房。刘黑仔一甩衣襟，亮出两支驳壳枪，厉声喝道："拿钱来吧，我就是刘黑仔！"肖九如大惊失色，抓起酒杯就猛掷过来。

刘黑仔机警地一闪，甩手一枪，将肖九如撂倒桌旁。跟着，3名队员眼明手快，将那几个想拔枪的马弁一一打倒在地。刘黑仔跳上一张桌子，用枪逼住其他在场的汉奸："谁愿意继续当汉奸，就同肖九如一样下场！"说完从口袋抽出一沓传单，一甩散发开去。紧接着，他领着3名队员迅速下楼，钻进停在门楼前的已经发动的小轿车，"呼"的一声绝尘而去，眨眼之间在前面路口一拐便无踪无影了。

海上游击：猛虎入海变蛟龙

1943年6月港九大队海上中队正式成立，罗欧锋奉命调入任第一小队队长。他原来是港九大队的副官，一次乘船出海遇到鬼子，他拿出驳壳枪五发五中。因此，一开始组建海上中队，大队领导就看中他了。他的小队共有3艘"战船"（其实就是小木船，当地渔民称之为"槽仔船"），各有13名队员。

1943年10月的这天，罗欧锋例行带领两条"战船"，从海上中队的基地羊槽湾起程出海巡逻，进入果洲外海时，发现一艘悬挂日本国旗的电动船，拖着条潮汕式的大眼鸡木船（指旧式的航运木船），从汕头方向迎风顶浪开往香港。

港九大队海上中队队长罗欧锋（图片来源：《东江纵队图文集》）

一号船上的罗欧锋拿起望远镜细细观察，迅速做出了敌情判断：这肯定是日军的运输船，船上火力不会很强，押运士兵不超过一个班。运输船吃水深拖载量大，且海上吹西南风，逆风而行，航速更慢。

他当机立断：打！他自己率一号船紧随敌电动船尾部作牵制和掩护，命二号船挂满帆，高速从左侧拦腰冲向运输船。二号船到达与运输船相距600米的距离时，班长陈传命战士打旗语通知日船停航，日船并不理会，反而加速向东南方向急行。处于顺风处的一号船立即斜插过去，二号船则迅速绕到日船左侧，一阵阵猛烈的机枪火苗射向日军运输船。

日军运输船开足马力想逃，只是太沉太重走不动了。海上中队两船一前一后顺风急进，边行边攻击，两船上的机枪、步枪一齐开火，两面夹攻运输船。的确如罗欧锋所预料的那样，船上的日军难于应付两面火力，海上中队基本压制了日船的火力还击。

无奈，电动船上的日本军官只得挥舞着指挥刀，命令士兵砍断自己船上那根拖带木船的绳索，大眼鸡木船被抛弃了，减轻负载的电动船开足马力逃向了香港。

罗欧锋见此便命令结束战斗，拖着日军的大眼鸡木船驶回了洋槽湾。渔民看到游击队凯旋都高兴坏了，纷纷划着小舢板靠近日船，上去看缴获的战利品：高丽参400多斤，白报纸30多吨，陶瓷器皿一大批。海上中队把这些物资全部上缴港九大队军需处。船上还有80多名被日军从潮汕抓来准备送到香港做苦工的老百姓，他们本以为这次是死路一条了，没想到突降"天兵天将"解救他们。当海上中队发放路费让他们回潮汕家乡时，他们都哭得不行，跪在地上使劲磕头，感谢游击队搭救还乡，不少人说回到家乡后要帮游击队打日本鬼。

这是海上中队成立4个月后罗欧锋指挥的第一次战斗，也是海上中队开创以来的第一次胜仗。战士们笑得合不拢嘴，往日的抗晕船、射击、投鱼炮、过船等艰苦的训练，都在实战中考核优秀，从此就可以在海上狠狠地教训日本鬼了！

马鞭岛是控制大亚湾主航道的一个小岛，1943年，日军在这里成立了一支伪海军第四大队。曾生司令员命令刘培为队长的独立中队坚决歼灭这帮匪徒。6月31日夜，独立中队到了离马鞭岛约7海里的岭澳村进行战前准备。经过政委赖仲元的动员后，渔民们情绪高涨："打仗要船，我们出船；部队要人，我们有人！"

经过侦察，探得敌人一共有3艘大眼鸡，成倒品字形布阵，指挥船在后。独立中队部一致认为：要全歼敌人，只能用渔民的小船发动奇袭，迅速将敌指挥船消灭。

中队长刘培组织了一支16人的突击队，分为3个突击组，再从要求参战的渔民中挑选了3艘渔船和6位渔民担任舵工。

7月6日晚，副中队长叶基带领突击队扬帆出征。航行到离敌船30米时，一声喝令响起，敌人发现了！但渔民舵工按照事先的布置，边摇橹边用大鹏话说道："我们是来打鱼的。"说话间，第一突击船迅速靠近了敌指挥船的左舷，突击队员们跃上敌船，

港九大队海上中队（图片来源：《东江纵队历史图集》）

马鞍岛外景

打死了敌哨兵，叶振明冲上前去，将机枪抢夺到手。

队员们冲向敌人睡觉的船舱，投下了手榴弹。此时，左侧的敌警戒船发现指挥船被袭，立即以密集火力打过来。叶振明被击中了，但他仍把一颗颗仇恨的子弹射向敌船，直至献出了自己的生命。魏辉前赴后继接过机枪，击毙了敌船的舵手，但他自己很快也被击中了。

情况危急！副中队长叶基命令自己所在的第三突击船，集中火力压制左侧的警戒船，同时迅速靠上敌指挥船与第一突击组汇合，掩护第二突击船进攻。年仅16岁的通讯员刘光明寸步不离地在叶基队长身边掩护，一颗子弹飞来，他不幸中弹牺牲。

独立中队（后改编为护航大队）队长刘培（图片来源：《东江纵队图文集》）

第二突击组冒着敌人的密集火力，勇猛冲向敌船。两位渔民舵工沉着镇定，拼命摇橹靠上敌船。王健登船时，中弹掉下海里再也找不着了。第二突击组组长林英指挥组员向敌船首和船尾投掷手榴弹，顿时把敌人机枪炸哑了，他们乘势跃上敌船，把敌人打得退到舱里举手投降。

而在右侧的敌警戒船，看到势头不对就想溜走。叶基立即组织火力，猛烈射击船尾与船桅下的敌人，他们再也顶不住了，只好举白旗点灯投降。在敌指挥船上的伪海军大队长陈强连衣服也顾不得穿，一头钻到船舱里还想抵抗，彭灵便举枪把他击毙。

经过40多分钟的激烈战斗，刘培的独立中队歼灭了伪军的3艘武装船，击毙大队长陈强以下50多人，俘虏40多人。战斗结束后，大家把3位烈士的遗体安葬在大鹏湾海边，并立碑纪念。马鞭岛海战开创了东江抗日游击战争史上以3条"小艄仔"和16名勇士歼灭伪海军近百人的海战范例。

8月，东纵司令员宣布独立中队扩编为"护航大队"。

就这样，东纵在大鹏半岛东西两侧建立了两支主要的海上游击队：西为港九大队的海上中队，战斗在大鹏湾内及九龙西贡沿海一带；东为护航大队，活动在大亚湾至汕尾港海域。这两支游击队相互配合，相互策应，开展了波澜壮阔的海上游击战。

东纵司令员曾生、政治委员林平高度评价这支被人们称誉的中国的"土海军"，指出：护航大队和港九大队海上部队驰骋在南海之滨，勇敢地以小船攻打敌人大船，多次取得击沉或俘获敌船、全歼敌人的重要战果，使大亚湾和大鹏湾成为我军的内海，应予高度赞扬。

营救盟军：克尔逃出生天

1944年2月11日，美国第十四航空队出动机群向日军占领的香港启德机场发动空袭，中尉克尔驾驶着其中一架战斗机为轰炸机护航。空战中，克尔的战斗机被击中直往下掉，多处烧伤的克尔只好急忙跳伞。心里碎碎念着：一切都完了，完了。

忽然，一阵强风将克尔吹到了离日军较远的观音山。14岁的东纵港九大队交通员李石正巧送信路过："这应该是帮我们打日本仔的盟军！"他赶紧用手势招呼克尔跟自己走，克尔就跟着他跑了起来。他两在崎岖的山路上跑着，腿脚都受伤的克尔快走

第十四航空队起飞前的战前部署，左四为克尔中尉（图片来源：刘深、苏润菁著《逃出生天——美军"飞虎队"克尔中尉香港历险记》）

不动了。李石赶紧在山坳里找到一个隐蔽的山洞，让克尔藏到里头。然后他就急忙抄小路跑到村里，向女游击队员李兆华报告了情况，又继续送信去了。

李石刚走，去山上割草的聋哑人邱大娘气喘吁吁地跑进来，急促地"喔喔"地叫着，神情紧张地比划着。李兆华明白，日军已经搜到这边来了！

李兆华不是本地人。抗战爆发后，14岁的她跟着南洋华侨组织，从马来亚回国慰问东江游击队和国民党。这一慰问，一对比，她就毅然决然地留在东纵里不走了。遇到克尔时，她已在港九大队当了2年多的民运干事（专门从事发动群众投入抗敌斗争的游击队员），能讲一口当地的客家话，对这里的山山水水都了如指掌。于是，她当机立断，叫人立即将克尔转移到比较偏僻的吊草岩山坳处。傍晚又得知，敌人已出动了1000多人过来搜捕了。

李石肖像

怎么办？这金发碧眼的洋人没法把他藏在村子里啊！晚上，李兆华带上干粮，领着克尔转移到了敌人据点附近的北围村山坳里。连日来，日军频繁出动飞机在"新界"上空低空盘旋，海上出动舰艇

李兆华肖像

和电扒（烧柴油的机动帆船）穿梭巡逻，地面也像篦子般地搜过了。日军还对老百姓训话："你们赶紧把美国飞机师举报出来，否则格杀勿论！"但如李兆华所预想的那样，克尔藏身的北围村山坳被日军忽略了。

一周后，李兆华带着两名游击队员来了，她用手比划着示意克尔：他们两人是游击队员，要接你走。克尔很激动，高兴地连声说："Yes！Yes！"那天，他们转移到了石垄仔村，这里是港九大队短枪队的队部。游击队员们把克尔安顿在山里隐蔽好，山脚下派出了游击队员警戒。通过这一路与游击队的行军，克尔认识了这支没有制服的队伍。

而在美国，年轻的克尔太太接到一封所有军属都不愿看到的电报："您的丈夫在亚洲战场上失踪。"克尔太太顿时泪如雨下，他们才新婚一年多啊！

第二次世界大战结束后，克尔中尉回到美国与妻子维达的合影（图片来源：阿妮塔·克尔提供，刘深、苏润菁著《逃出生天——美军"飞虎队"克尔中尉香港历险记》）

又过了十来天，短枪队副队长刘黑仔带着七八个游击队员掩护克尔，由海路北上到了当时港九大队队部所在的深涌。大队长蔡国梁、政委陈达明、沙田短枪队队长黄冠芳等热情招待了克尔。随后，游击队派翻译谭天和14岁的通讯员陈勋陪伴克尔，一同隐蔽在山上的一个大石洞里。

几乎也就在此时，大队长蔡国梁特地召集了黄冠芳等人，在海边一个山洞里开会，研究营救克尔的"围魏救赵"之计，决定派出刘黑仔率领手枪队实施此次行动。

进入九龙市区后，短枪队决定首先除掉汉奸陆通译（通译：当时对翻译的称呼）。此人是九龙宪兵队所看重的走狗，除掉他敌人可能就会把兵力撤回市区。于是，刘黑仔率队员邓贤、黄青、陈金伯化装一番，半夜里直奔市区九龙塘陆通译的家。进屋后，刘黑仔用日本人的语气说道："陆通译，司令的，请你的快快去！"陆通译虽有点狐疑，但也只好跟着这几个"皇军"往外走，但出门到了一条横街的拐角处，邓贤和黄青扭住他的胳膊，刘黑仔用枪顶住他说道："我代表中国人民判处你死刑。"陆通译打了个寒颤，张口想说什么，邓贤一枪就把这汉奸干掉了。

在山上，翻译谭天日夜陪伴着克尔，小通讯员陈勋则每天天没亮就下山与上级联络，天黑了再带着食物、饮水和药物等回来，风雨无阻。一天，陈勋上山后，掏出一个小纸包说："克尔中尉爱吃'苏格'（英文音译：糖果），这是我送给他的。谭天你替我翻译清楚点呵。"原来，这天部队刚发了五角钱的月生活

谭天肖像

陈勋肖像

费，这让克尔双眼湿润了。这糖克尔一直没舍得吃，他说要带回去给他的同事和亲友看看中国孩子的这份爱心。

陆通译被除掉后，狡猾的敌人还没撤兵。于是，黄冠芳、刘黑仔等人制定了更为大胆的行动计划——偷袭启德机场！一个细雨蒙蒙的晚上，他俩带领队员潜伏在钻石山的杂草丛中。巡逻的摩托车驶过后，4人飞身下山穿过公路，摸到守门的印度兵背后，用枪顶着他们的腰，黄冠芳穿上他们的雨衣伪装守门兵。

刘黑仔带着邓贤、陈金伯迅速跑入机场，避过巡逻兵后，陈金伯负责油库，刘黑仔直奔飞机库，动作麻利准确，分别安装了定时炸弹。午夜12时正，"轰、轰"接连两声巨响，震得大地发抖，浓烟卷着大火，在机场上冲天而起，映红了夜空。队员们带着胜利的喜悦在山头上欣赏这奇丽的景象。

克尔这时候还困在山洞里。为了寄托思乡的感情，他把身上带着的香烟盒拆开，在背面的空白上画下了这一路的惊险和幸运。这些漫画后来被保存在中国军事博物馆，还送了一套这漫画的复制品给美国的国防大学。

同时，港九大队市区中队则开始准备另一场战斗。在中队长方兰的指挥下，2月下旬，他们发动了"纸弹战"：队员陈佩雯冒险把传单从港岛运送到九龙；市区中队全队出动，女游击队

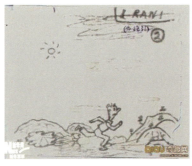

克尔在山洞里画下的漫画

员张咏贤还勇敢地把传单带到电车上散发；几个游击队员还把传单贴到中环街市敌人的布告牌上。他们人多势众，熟悉地形。很快，港九市区的工厂、街道、公厕等多处都出现了大红标题的《东江纵队成立宣言》。一时间，大家都传开了：刘黑仔要攻打日本鬼的司令部啦！

在游击队的连番"骚扰"下，敌人只好把扫荡的部分兵力撤回市区。2月底，东纵海上中队指导陈志贤带领一个班的战士，护送着克尔从深涌坐船出发了。为确保安全，海上中队还派出两条武装船，驶到坪洲、叠福、南澳一带海面，在船上开枪射击，故意暴露，以牵制敌人。这样，克尔一行终于冲出了日军的包围圈，到了深圳坪山的东纵司令部。

在坪山，克尔见到了东纵司令员曾生。曾生把一部缴获的日军相机送给克尔，这让克尔拍下不少照片。克尔安全返回桂林后

在土洋村东纵司令部的游击队员（图片来源：克尔中尉摄，刘深、苏润菁著《逃出生天——美军"飞虎队"克尔中尉香港历险记》）

克尔中尉（左）脱险后
与东纵司令员曾生握手
（图片来源：大卫·克
尔提供，刘深、苏润菁
著《逃出生天——美军
"飞虎队"克尔中尉香
港历险记》）

给东纵寄来了感谢信："中国
抗战已赢得全世界的敬仰，而
我们美国人亦以能与你们如兄
弟般一同作战而自豪。"

4月，克尔太太收到了丈夫
获救的电报。克尔脱险的故事

克尔的感谢信

广泛传播，美军将他的经历写成教材，说明飞行员遇险只要找到
当地的游击队就可以得救了。已经当了上尉的克尔回到美国后，
担任了空军的飞行教官，他讲的其中一门课就是"如何在中国逃
生"。这一年，除克尔外，东纵还救过7名美国飞行员。克尔的
经历也让第十四航空队队长陈纳德将军见识了东纵的能耐，于是
也引发了后来东纵与盟军的情报合作。

反攻作战：与盟军情报合作

1945年3月，东纵根据地罗浮山冲虚观。正殿里，道士们正如常地做着法事。而在后面的房间里，东纵司令员曾生、东纵联络处负责人袁庚、联络处的首席翻译黄作梅，以及美军驻东纵的联络官欧戴义上校等人，正接待着一个美国的军事专家小组，领队的是美国海军上尉甘兹，曾是澳大利亚"海归"的曾生正和他展开流畅坦率的对话。

甘兹向曾生递上了美国第十四航空队司令陈纳德的介绍信，说道："我们此行的任务是要在大亚湾向东至汕头之间的沿海地段，选择一个适合美军登陆的地点。我们知道，这一带完全在日军的占领和控制之中，因此，非常希望能得到贵军的支持和帮助。"曾生看了一下一旁的欧戴义上校。5个月前，欧戴义带着电台来到东纵请求进行军事情报合作，经中央批准，现在通过欧戴义的电台，东纵与第十四航空队的陈纳德少将以及尼米兹海军上将已建立了联系。接着，曾生点头道："此前，我们已通过欧

罗浮山冲虚观（图片来源：《东江纵队历史图集》）

上校的电台获悉，尼米兹将军想要在华南选择一个适合美军反攻作战的登陆点。东纵将配合美军执行这一任务。"

为此，袁庚很快就组成了两个小组：一个是配合美军地形勘测工作的，由王康负责；另一个是专门侦察日军调动和布防情况的，由郑重负责。两位组长原来都是国立中山大学的学生，1944年夏天参加了东纵。

王康和甘兹一行人，在东纵的第七支队参谋长赖祥率领的一小队武装人员的护送下，到达了惠州大亚湾。曾就读于英语系又懂得一定的地理和工程知识的王康，带着这个中美侦察小组，利用日军的巡逻空隙，到海边测量海岸地势地貌和海水深度等，还拍摄了照片、绘制了地图。

甘兹一行离开前，给曾生司令员留下了一封热情的感谢信，以及一批美军在塞班岛登陆的照片和日军构筑的工事图样。甘兹指着这些记录了惨烈战况的照片说，日军就是靠这些坚固的防御工事使美军伤亡惨重的。

甘兹走后，王康组成了几个情报小组，继续往东侦察日军在粤东和闽南地区的布防情况。他们分头在夜间潜入了日军的工事，回到驻地后画出了这些洞穴工事的图样。王康发现，这种地堡的洞口从外面关死，没有逃生之门，士兵只能与敌同

20世纪50年代的王康（图片来源：《东江纵队图文集》）

归于尽。他们回来后马上把这一情况报告给袁庚，而后东纵火速电告了美军。

与此同时，专门侦察日军调动和布防情况的郑重小组也展开了缜密的行动。自从1944年秋天东纵成立专门执行与盟军进行军事情报合作的联络处以来，东纵的情报人员发展到有200人之多，情报网点纵横交错，遍布从香港到广州、从潮汕到珠江西岸的整个日占区。此时，散布在珠江三角洲的各情报站都在观察着日军的动向：设在东莞日军营房旁边的情报站，每天记下日军买多少柴草和蔬菜，以从中发现日军部队的人员调动配置情况；广州郊区的情报员买通了一个日军的翻译，从他口中得知一支"厉害的日军正在从北面赶过来"。

厉害的？从北面来的？这两组关键词立刻引起了郑重的警醒。郑重是哲学系出身的，逻辑推理和判断能力很强。几十年后，袁庚都称赞他是个"说一就会知道二、三、四的人"。郑重分析了日军从北抵达沿海地区可能行走的路线，冒着生命危险出入于敌占区，与沿线的情报站碰头联系，经过对搜集到的情报比较分析，终于发现了一支穿着百姓衣服的日军的诡秘行踪。原来，日军在攻陷了湖南的衡阳后，派出了多支穿插部队，一路往南奔袭。他们的军装外面套着便衣，白天宿营

20世纪40年代的郑重（图片来源：《东江纵队图文集》）

在山林和谷底，夜间只走那些人迹稀少的小路；行军时无线电处于静默（即不收发报），宿营时才收听发报，每次发报的时间不超过30秒。这些部队在攻下了乐昌韶关一带的粤汉线后，便直插广州驻守下来，以应对美军可能发动的广东沿海登陆行动。

郑重和东莞、惠阳等地的情报人员还发现，一支装备精良的日军正从樟木头沿着惠樟公路向惠州进发。经过进一步侦查，他们发现日军在惠州新组建了一支部队，其一部分人员来自于原来准备驻守雷州半岛的"波雷"部队，番号为一二九师团，司令部就设在淡水。

至此，整个日军应对美军华南登陆的布防都大致清楚了。郑重连夜赶回罗浮山向袁庚报告，东纵马上将情报传给了美军。

最终由于种种原因，美军取消了在华南沿海登陆的行动，但驻华美军对东纵仍十分感激。驻华美军司令部、陈纳德将军和欧戴义少校都先后多次向东江纵队表示感谢："你们关于波雷部队一二九师团的情报对我们会有帮助。你们报告该部队的指挥官姓名及其师团部在淡水，是我们所得唯一的报告。""对于你们曾做过的工作，我们感到极大满意，请把我的深切情意和尊敬向袁先生及他的工作人员表达。"

北撤山东：为了和平历经周折

1945年8月15日，日本终于宣布无条件投降。经历了14年浴血抗敌的中国人民，看到了和平生活的希望。

1945年10月10日，国民党和共产党双方在重庆签署了《政府与中共代表会谈纪要》（即"双十协定"），国民党被迫接受了中国共产党提出的和平建国方针，中国共产党同意让出广东、浙江、苏南、皖南、皖中、湖南、湖北、河南8个解放区，并将上述地区的人民军队逐步撤至陇海路以北及苏北、皖北地区。

处于广东的东纵是北撤名单里的头一位，根据中央的指示，东纵做好了北撤的准备。然而，国民党并不想让这支勇猛的广东抗日武装完身而撤。1946年1月15日，就在全国停战令生效的第二天，国民党广东当局就派出了多支部队进攻东江解放区，企图在军调部第八执行小组（由国、共、美三方组成的解决广东停战及中共武装部队北撤问题的机构）到达广州之前消灭共产党的部队。

一时间，南粤大地又起硝烟。东纵一方面在军事战场上与国民党军队展开战斗，另一方面则在谈判桌上与国民党当局周旋。

1月25日，第八执行小组到达广州。国民党方面称广东只有"土匪"，没有什么东江纵队，并蛮横无理地阻拦东纵代表前来参加谈判；中共代表方方少将便力举东纵立下的赫赫战功和"双十协定"的条文予以有力的驳斥；美国代表米勒则再三表示，他将站在"公平""正义"的立场上，不偏袒任何一方。

按照协议，美国代表担任执行组的主席，因此，美国代表的态度是一个关键。于是，在东纵派来的翻译的帮助下，方方多次

军调部第八执行小组在广州的驻地旧址，现沙面大街68号（图片来源：《东江纵队图文集》）

与米勒交谈，让他了解中国共产党的方针政策，争取他能公正地处理国共两党之间的纠纷。在方方的努力争取下，虽然米勒的政治信仰与共产党人不同，但在处理国共两党之间的矛盾时，基本上还是客观公正的。

3月9日，按照党中央的密电，东纵政委尹林平飞抵重庆。此后，由周恩来安排，举行了两次中外记者招待会，尹林平以华南游击队代表的身份，用铁的事实有力地驳斥了国民党关于"广东无共军"的无耻谎言，并揭露了抗战胜利后国民党在东江打内战的情形。尹林平还出示了被抢救的英军赖特上校等一批国际友人的照片和感谢信，以及一份被抢救的美军飞行员名单，上面列出了飞行员所属部队、获救时间等。

这使得记者招待会产生了轰动性的影响。美国代表马歇尔将军派人驱车到重庆的驻华美军总部，验证并确认了尹林平提供的东纵营救美军飞行员名单；国民党元老何香凝、民主人士蔡廷锴、民盟南方总部负责人李章达等先后发表声明，呼吁停止内战，停止对东纵的军事进攻；被东纵营救过的英美人士，也发表公开谈话，称赞东纵是一支英雄的部队，表示坚决给予支持。

在国内外强大舆论压力下，又经过一系列的斗争，终于迫使国民党承认广东有中共武装力量存在。3月底，重庆三人委员会决定往广州加派一个特别执行小组（廖承志为中共代表，皮中阚上校为国民党代表，柯夷上校为美方代表），会同第八执行小组与广东军事当局谈判北撤的具体问题。北平、重庆先后都派出三人小组到同一地点来调处国共冲突问题，这在军调部历史上是绝无仅有的，它派往全国各地总共36个执行小组，只有广州的是双重小组。在这样的形势下，国民党广州行营主任张发奎再也不能回避，只好跟这两个三人执行小组一起谈判。

4月4日，东纵司令员曾生、政委尹林平以中共华南武装人员代表的身份到广州加入谈判，讨论执行北撤协定的具体工作。当时，国民党当局提出许多苛刻的条件，还对曾生和尹林平实行严密"保护"，限制外出，还多次破坏中共代表团的电台，妄图逼迫东纵签署城下之盟。同时，继续大举进攻我解放区，还妄图堵截从粤北南下参加北撤的东纵部队。

这样，在我方代表与国民党当局折冲樽俎的同时，也要组织好参加北撤的部队赶赴集中地点的战斗。为此，方方、曾生与尹林平研究决定，尹林平必须先回东纵指挥。于是，尹林平以治病为由，提出请假到香港。狡猾的国民党代表极力反对，但我方争取到了米勒上校的支持，尹林平便决定乘火车赴港，并按规定将所乘的火车班次告诉了国民党方面。岂料火车站买不到票，尹林平便改为乘坐轮船赴港，而他预乘的该班次的火车行驶至增城时却翻了车。事后了解，制造翻车事故的就是国民党的"杀敌"大队长干的，幸好阴差阳错让东纵政委避开了一次暗杀行动。

这样，又经过50天激烈尖锐的斗争，于5月21日终于达成广东中共武装人员北撤山东烟台的具体协议。

国民党虽然被迫达成这一协议，但蓄意消灭中共武装力量的野心不死。就在东纵（包括其他部队的北撤人员）冲破重重障碍集中于大鹏半岛的葵涌时，蒋介石还发出密令要就地消灭我北撤部队，广州行营参谋处为此绘制进攻王母圩、葵涌东纵的路线示意图。但这个计划被潜伏在国民党第四战区的地下党员杨应彬、左洪涛等及时掌握，并迅速将情报辗转交予方方。我方立即向三人小组和军调部揭露国民党的阴谋，同时通过报刊公布和谴责广

在深圳葵涌沙鱼涌海滩上，东纵战士准备登上美国登陆艇（图片来源：《东江纵队图文集》）

在深圳葵涌沙鱼涌建造的北撤纪念墙

州行营的阴谋罪行；集中在葵涌的武装部队，也迅速占领制高点，构筑工事，并确定突围路线；我方代表方方与美方代表米勒坚持呆在葵涌不走……种种有力的措施挫败了国民党的阴谋。

6月29日，葵涌沙鱼涌海滩上举行了欢送北撤部队的大会。乡亲们难舍难分，挥泪送别，方方代表中共中央军委会向全体北撤人员作了讲话，曾生司令员向米勒上校赠送了一面绣着"和平使者"的锦旗。米勒接过旗后，举起双臂高呼："祝中国早日实现和平！"沙滩上顿时响起了一片"和平万岁！""民主万岁！"的口号声。下午，2583名北撤人员分乘3艘美国登陆艇，第二天便开向山东烟台。7月5日，北撤部队抵达烟台，受到了胶东解放区党政军领导和群众上万人的热烈欢迎，群众高呼"欢迎劳苦功高的东江纵队！"

3年后，由东纵指战员为骨干组成的两广纵队，先后在三野、四野的指挥下，逐鹿中原，横渡长江，一路南下，与由当年留守广东的战士发展而成的粤赣湘边纵队会师在家乡。广东乃至全国终于迎来了真正的和平。

　　东纵是在极其艰苦的条件下发展壮大起来的，它是白手起家，所处的地区是广州和香港两大城市之间的一条狭长地带，被敌人的交通网与据点所分割，广九铁路横贯其间，敌人机动性很大，游击队回旋余地却很小；同时，它孤悬敌后，远离党中央，远离八路军、新四军主力，处于敌伪、国民党顽军的夹击之下，没有较大的后方。但是，东纵在党中央、南方局和广东省临委的领导下，不畏艰难，顽强斗争，在华南敌后战场起着主力军的作用。

　　由于篇幅所限，我们只选取了东纵6个方面的小故事，但也彰显了这支劲旅的辉煌：以一当百的英雄小鬼班展示了东纵顽强英勇的特性；神出鬼没的刘黑仔短枪队是东纵独创的城市游击战的典范；海上蛟龙成为海上抗战的成功范例；营救美军飞行员则让东纵的威名远达太平洋的彼岸；与盟军的情报合作更使美军认识到东纵在华南战场以至西太平洋战场的突出作用；北撤山东，让历史记下了东纵为争取全国和平而作出的忍让和牺牲。

从这些故事里，我们看到了东纵的诸多区别于其他抗日武装队伍的特性：从队伍的构成来看，以工人、农民和知识分子为主，与其他部队相比，知识分子所占比重更大，还有大批的港澳同胞、海外华侨参加；从其活动地域的特殊性来看，不仅在内地沦陷区开展斗争，还深入到长期被英国殖民统治、后被日军侵占的沦陷区香港开展斗争；从战斗的地形来看，不仅在大陆的山川河流上，而且在城市、海上及海岛上打游击；从斗争的国际性来看，不仅始终站在中国对日斗争的前线，还配合盟军，直接参与了世界反法西斯战争……

今天，战争的硝烟已离我们远去，也许，我们不再需要像他们那样浴血沙场，但史若长河，贯穿其中的精神是永远流淌不息的，那就是东纵那崇高的爱国主义精神，顽强的革命英雄主义精神，无私的国际主义精神。世事变迁，唯有精神永存！

南楼七壮士

英勇抗日保家乡

星仔说历史

　　1944年，日军抽调20余万兵力，企图打通大陆交通线。1944年6月24日，日寇侵占广东开平三埠，开平县人民处于水深火热之中，日寇所到之处，奸杀焚劫，民不聊生。开平人民纷纷组织起来抵抗日寇。司徒四乡自卫队就在这种形势下建立起来，是一支农村的武装队伍。司徒四乡自卫队以抗日英勇顽强著称，最为惨烈的是开平南楼七壮士抗日的故事。

人物简介

　　开平南楼位于广东开平市赤坎镇洛堤洲腾蛟村，是开平众多碉楼中的一个，建于1912年，楼高7层，19米，占地面积39平方米，为钢筋混凝土结构，每层设有机枪和探照灯，是司徒氏族人为防盗贼而建。1945年7月，即日本无条件投降前一个月，侵华日军为从中国撤退，拟开辟一条由雷州半岛通往阳江、阳春、四邑至广州的交通要道，南楼是这条要道的必经之地。司徒氏四乡成立的自卫队驻守南楼，有力地阻击了日军的行动。1945年7月17日早晨，日军向南楼冲锋十余次，激战入夜，将南楼包围。自卫队寡不敌众，退出南楼，但因南楼的重要军事战略位置，"仍留兵七人，决志牺牲，凭楼固守，阻遏三埠来犯之敌"。留守的司徒氏七壮士，固守南楼八天九夜，射杀日军二十余名。日军因屡攻不下，于7月25日上午向楼内施放毒气，致七人全体中毒被捕，后遭日军残暴杀害，这就是开平南楼七壮士抗日的故事。这七壮士的姓名和就义年龄是：司徒煦，副队长，34岁；司徒昌，自卫队上士情报员，38岁；司徒旋，自卫队宣传员兼书记，21岁；司徒遇，班长兼机枪手，30岁；司徒耀，机枪手，24岁；司徒浓，机枪手，28岁；司徒丙，队员，18岁。南楼七壮士用自己年轻的生命在四邑抗战史上留下了光辉的一页。

回国抗日保家乡

抗日战争期间，海外华侨虽身在异国他乡，但听闻祖国的父母、妻儿、兄弟、好友受到日寇蹂躏，无不义愤填膺。

华侨子弟司徒煦，是一位性情刚强耿直的年轻人，平时喜欢和几位同村兄弟上山下河涌打飞禽走兽，枪法极好，百发百中。1936年，刚满26岁的他，旅居南洋，但仅一年光景，日寇就发动了"七七卢沟桥事变"，大举进攻中国，国家民族处在危难之中，全国处处点燃起抗日救亡的烽火。东南亚各地的爱国华侨也掀起了抗日救国运动，有钱出钱，有力出力，支援抗日前线，并自发组成了各种抗日服务团、战地服务队等等，回国抗日。司徒煦是个热血男儿，他日以继夜地活跃在侨胞中间，宣传抗战和保家卫国，募捐了大批款项、医药和物品寄回祖国，支援抗战。

不久，司徒煦接到家信，获悉日寇在家乡开平烧杀奸淫，十分愤慨，遂与侨居南洋的同乡兄弟司徒遇商量，很快就联络了爱国侨胞二十多人，组成抗日志愿队，一起回国杀敌。

司徒煦和司徒遇回国后，考入广西民团训练所受训，半年后结业，留所工作。江门失陷后，他即返乡，和从开平县军事干部训练班受训回来的司徒遇一起参加司徒四乡自卫中队，被任命为分队长，并由他带领分队驻守腾蛟南楼，还吸收了司徒浓、司徒昌、司徒丙、司徒耀、司徒旋等人入队。

英勇善战带病回营

司徒四乡自卫中队司徒煦分队驻守南楼以来，经过几次大小战斗，痛击了日寇，司徒四乡和赤坎一带稍为太平。1944年10月，台山县密冲一带，常受日寇和伪军的骚扰和抢掠。为了打击日寇的气焰，司徒煦奉命带领一支精悍的土炮队急行军到密冲打击日寇。

进入敌占区后，收到情报，日、伪军又到村里抢掠粮食和财物。司徒煦即令土炮队爬上一个山顶占据有利地形，在友军配合下，重重包围了敌人，剧战几小时，死伤敌伪数人，敌军倾尽全力增援，致使各乡团队前后受敌，情况十分危急。此时，司徒煦临危不乱，指挥炮手向日、伪的主力猛攻，又毙敌数人，被包围的乡团乘机反击，迫使敌人退回公义虚老巢。敌人吃了这次败仗，不敢轻易到乡下骚扰，从密冲至新昌中山一带农村，暂时得到安宁。

由于司徒煦不分白天黑夜率领土炮队活跃在密冲的敌占区，食不饱，睡不香，本来身体单薄的他已积劳成疾，旧病复发，只得请假回腾蛟乡下养病。司徒煦虽然在家养病，但时刻不忘抗日。一天，上股乡塘边村司徒旋来访，他刚从罗定县回家，见到日寇横行霸道，心里十分愤慨，坚决要求参加四乡自卫队，杀敌保家乡。司徒煦见他意志坚决，即保荐他参加了司徒四乡自卫队。

1945年，日寇在亚洲各国人民严厉的打击下，节节失利，为了顺利撤退，就要打通南路干线。当司徒煦得知日寇调动频繁，战事越发紧张后，即扶病到赤坎司徒四乡自卫团办事处请求回队参加战斗，办事处的人说不过他，终于同意他回自卫队任副队长，驻守南楼。

南楼，在腾蛟是最险要的地方，四边都是江河，抗战时期，由于公路被毁，陆路时有阻隔，反而水上交通方便，南楼是控制三埠、赤坎、潭江河段的枢纽，敌人想打通雷州半岛至广州撤退的水上路线，腾蛟南楼是必争之地。

司徒煦回自卫队后，记住兵书上说："无粮不聚兵，无水不扎营"，积极加强南楼的防御工事，准备好粮食和饮用水，备好弹药，擦枪磨刀，并教育队员要时刻提高警惕，加强警戒，在各要道和险要的位置巡逻放哨，时刻防止日寇的偷袭。

赤坎三路被围陷于敌手

1945年5月至7月，在中国共产党领导下抗日战争由防御阶段进入了全面反击的阶段。侵略广东的日寇处处遇到抗日武装的顽强反击，损兵折将，只有准备撤退。据军事专家分析，敌人从雷州半岛往回撤，一定要经阳江、阳春和四邑，过四邑后就水陆两路并行，再以粤汉线为归路，北撤回日本。如敌人要经过台开恩新地区撤回，驻在三埠之敌，必须要打通赤坎的通道，且要拔除水路腾蛟南楼这个据点，才能畅通无阻。南楼建于1912年，是腾蛟乡民和旅外华侨，为防止海盗骚扰而集资兴建的。

1945年7月12日，由于阳江、阳春已先后失守，恩平告急。驻三埠的日寇，必须配合军事行动，消灭腾蛟自卫队，打通赤坎水道，接应从阳江、阳春撤来之残敌。

7月16日，驻在三埠的日、伪军派出三路敌军进攻赤坎。第一路敌人从荻海沿公路进发，从南面包围赤坎。第二路敌人从长沙出发，到楼冈后折向南包围赤坎。第三路从恩平来的敌军向东直逼赤坎。水路敌人动用大木船三十艘，由荻海沿潭江驶向卢冲河边。船到南楼高咀村时，已经是天黑不见五指，且下着蒙蒙细雨，南楼自卫队两名哨兵在河边放流动哨，忽闻水中有声响，向前探看，见一船队黑压压的向前移动，哨兵即回队部报告：有情况！队长司徒忠和司徒煦得报，立即划艇到江心侦察，证实确是敌船偷袭，即赶回南楼，急令司徒尚铎等四位炮手，各就各位，架好土炮，还令机枪手司徒遇等人将机枪架好，装上子弹，向敌船瞄准，待敌船到达射程时即令开火！霎时，步枪、轻机枪与土炮齐向敌船轰射。由于司徒忠、司徒煦指挥有力，三艘敌船中弹，敌人纷纷跳水逃命，溺死近百人，后面的敌船进行反扑，集中火力向南楼扫射，但南楼自卫队越战越勇，敌人因抵挡不住，只得撤退。

7月17日清晨，驻在赤坎的广阳指挥官李江和他的部队没有放一枪就逃跑了，致使敌军不费吹灰之力就进入了赤坎，三路敌人在赤坎会合，共有步兵三千人，骑兵二百多人。

前面说过，司徒煦在堤围与敌人激战且毙敌四名后，速回队部，准备派出队员截击过河的敌人，但是迟了，刚在腾蛟出发时，三十多个敌人已由夏岚村后出来，分几路散开，每队四至五人，在腾蛟各处乱窜，之后就向北方河边抢船渡江，以期转上赤坎与各路敌寇会合。

南楼

腾蛟已落在日寇手中。乡中有的父老极力主张，保存自己实力，化整为零，待有援军开到再组织力量围攻敌人。司徒煦反对这意见，他说："如果这样化整为零，偷偷摸摸地游击，无疑是长敌人的志气，灭自己的威风，自卫队岂不是名存实亡吗？乡民对我们还有什么指望？"他主张死守乡土，势与腾蛟共存亡，为了家乡，死不足惜。众乡亲见他言词坚决，深为感动，一致同意坚决抗日到底，并将军需、粮食、弹药、食水运向南楼和北楼。没料到，弹粮未到，附近各村落的乡民，已被日寇从四面八方包围了，此时，腾蛟村民只有立下一条心与敌人周旋到底。

七一七腾蛟夜战

腾蛟南楼是日寇由南向东撤退的后路上致命的钉子。自卫队在这里连续几昼夜和日寇展开激战，十分疲劳，司徒煦本来身体就不好，有些支持不住了，于是命令队员分批休息，以备和日寇再战。

侵占赤坎的敌人虽然控制了附近各地，但总是放心不下，认为撤退之路的绊脚石南楼如果不除掉，势必影响大日本的撤军计划，随即召开军事秘密会议，决定声东击西进击南楼。当晚二更过后，几艘汽艇从三埠向南楼驶去，假装强攻南楼，实际上是从赤坎调动大批陆军由南楼后面的村庄迂回包抄。是夜风雨交加，守卫在南楼河边腾蛟庙前第一防线的哨兵，忽听到远处有汽艇响声，越来越近，知有情况，急入南楼向司徒忠、司徒煦报告。他们见报后即临河查看，隐约看到汽艇数艘全速破浪前来。于是当机立断，命令土炮手准备瞄准点火。那时南楼所用的土炮，是用生铁铸成的，用火药、散沙、生铁碎压实，在炮身后的小孔点火引爆，威力不小。

敌艇越来越近，司徒忠命令短枪队扫射，敌人也在艇内用机枪还击。司徒煦即令点燃土炮向敌艇发射，炮弹枪弹飞向敌艇。炮艇上的敌人，有的跳下江中被溺死，有的在艇上被击毙。三艘敌艇，顷刻间就在腾蛟庙对开的河面沉没了。幸存的几艘也是枪痕累累，急忙向三埠方向逃遁。

战斗过后，带来一段时间的沉寂。自卫队认为将敌人击败，可以暂得安宁，应慰劳一番，加上当时腹饥难支，司徒忠即令伙夫煮夜宵，把日间群众送来的鸡鸭鱼肉大锅煮熟，饭热菜香，在南楼地下摆开，准备进食。为了预防敌人再偷袭，司徒忠、司徒煦即布置第一防线和第二防线哨兵在外加紧防守。此时适逢雷雨交加，天已漆黑，队员认为敌人败退后不会那么快就回来，于是狼吞虎咽地吃了一碗又一碗；有的队员一连吃了六碗大米饭还说未吃饱。司徒煦食量不大，只吃了三碗，趁兄弟们还在吃饭之际，他和司徒忠谈及明天万一敌人强攻时如何对付，怎样才能消灭多一些敌人，为司徒四乡村民出一口气。正在这时，第二防线的哨兵急报：庙后发现一班敌人，正鬼鬼祟祟地向南楼靠近。司徒煦知情况危急，即令还在吃喝的队员赶快拿起武器，准备战斗。就在当时，司徒煦在门口望见几条黑影迅速从庙前闪入，情况危急，于是大声命令楼内的队员准备抵抗，并熄灭灯火。有些队员还未来得及反应，偷袭的敌人已窜到眼前。所幸是风雨交加的漆黑之夜，敌人辨不出东南西北，更不知南楼楼门在何处。司徒煦迅速转身跑入南楼内大叫："敌人杀到啦！"众队员闻之，马上持枪冲出。队长司徒忠先冲出去，但天黑看不清敌人有多少，这样盲目地冲出去可能会中敌人的埋伏，于是又即命令队员速回楼内，他带了短枪，和几个队员冲出探看情况。司徒煦、司徒昌、司徒遇、司徒旋、司徒耀、司徒丙、司徒浓等七人返回楼内，关了铁门。关铁门之声惊动了日寇，他们即用手榴弹轰炸，用重机枪集中火力向铁门扫射，但南楼的铁门坚固得很，日寇无从入手。"砰砰砰"，楼上的机枪响了，两名日寇当场毙命，楼上队员听到日寇被击中时的惨叫声，纷纷拍起掌来，特别是最年轻的司徒丙，当时只有18岁，他笑得最欢说："日本鬼有什么了不起，一粒'花生米'就叫他去见阎罗王了！"

腾蛟庙这么快被敌人占领，是敌人趁着风雨交加的黑夜，伪装成乡民摸进来的。第一防线哨兵司徒长以为是自己人，当敌人摸到跟前才知已来不及了，于是被俘。6个敌兵把司徒长打伤后正在指手划脚地讲着什么，忽然，楼上"砰砰砰"传来一阵枪声，六个敌兵倒地毙命。楼上壮士个个兴高采烈，神枪手司徒遇笑着喊："我们自卫队已打死8个敌人了，死也值得了。"

占领腾蛟庙的敌军，屡次想攻破南楼，但都不成功，敌军损兵折将，恼羞成怒。为了挽回面子，即电请三埠总指挥部增兵百余名，洗劫上下股和中股各乡，一些走避不及的乡民被日寇残忍地杀害，惨不忍睹，这些楼上的壮士们都看在了眼里。

日寇重炮轰南楼

侵占腾蛟之敌人遭遇南楼自卫队的顽强抵抗，强攻不成，又不能利诱劝降，万分着急，只有在四周架起机枪威胁着南楼。而南楼七壮士个个视死如归，凭楼死守。7月19日中午，敌军又把抢来的牲畜强迫乡民在门前宰杀，有几个敌兵在旁围观，南楼壮士看见，一齐举枪瞄准，枪声过后，站在最前的四名敌人即被击毙，几个没被打中的敌人吓得连滚带爬地躲进庙里。这样，加上前两次击毙的8名，一共有12名敌人被南楼壮士打死了。驻腾蛟的日本军官大为震怒，命令敌兵集中火力向南楼射击，但南楼是用钢筋水泥建成的，坚固得很，不损分毫。虽然各处已遭敌占，但区区几个自卫队员凭南楼孤守，竟使赤坎至三埠水道受阻，实有辱"皇军"的面子。三埠和赤坎的敌军大本营闻报，暴跳如雷，下令全力围攻，要以大炮轰击，誓把南楼夷为平地。

连日来，从两阳及恩平东撤的日寇，因水路受南楼所阻，只得从陆路后撤，速度放慢了，这更显得南楼这个钉子非拔除不可。

日寇一计不成，又生一计。当日，从赤坎开来一艘大船驶至天然里闸口东岸，十几个手持锄铲的人在岸上的空地挖土筑炮台，日军从船上搬下3门大炮，把炮口对准南楼，6个从赤坎司令部派来的"神炮手"，测好射程，校正目标，敌军官一声令下，炮弹在南楼周围炸开了！

南楼遭敌军一阵猛烈炮轰之后，笼罩在浓烟之中，日寇以为南楼这回一定被炸平了，纷纷站起来向南楼遥望，烟消声寂，南楼又渐渐现出轮廓，敌军还未反应过来，"砰砰砰"，楼上神枪手司徒遇的机枪响了，站在河边炮位旁边的敌炮手有两个当即中弹，其余敌兵惊慌失措，纷纷逃跑。

驻在腾蛟庙的敌军，见近在眼前的南楼始终不能铲除，反而

屡有同伙被南楼内的自卫队射杀，损失惨重，而且水路被阻，整个撤军计划被打乱，急得如热锅上的蚂蚁，于是把愤怒倾泻在附近乡民身上。敌军派出大批敌兵到各村庄进行报复，连日来，腾蛟附近各村庄都遭日寇骚扰，他们见人就杀，见牲口就捉，破门入屋，大肆抢掠。

7月21日，敌人又在腾蛟东侧挖地筑炮位，安装大炮，炮口直指南楼北墙。中午时分，敌炮开始炮轰，南楼北墙穿了几个洞，敌人以为楼内的人必死无疑了。但敌人万没想到在发炮之前，机警的司徒煦看到炮口所校角度是对着南楼三四楼，就果断地命令队员迅速退到地下，结果队员无一伤亡。炮声停了队员又奔上三四楼，继续监视着敌人的举动。

敌人以为消灭了南楼自卫队，于是扛着大炮，得意忘形地向腾蛟庙方向走去，殊不知，此时南楼上的自卫队队员正瞄准敌人，当即击毙了两个，其余的敌人立刻散开，伏在地上开枪还击。

一个小小的碉楼，一队小小的自卫队，加上陈旧的枪械，居然能抵御强大的"皇军"。敌军屡战屡败的消息传到广州总指挥部，敌长官怒不可遏，立即致电命令赤坎和三埠的日军：不管用什么方法，一定要在两日之内攻克南楼！三埠和赤坎的日军司令接到电话后，立即召开秘密会议，订出了一条毒气攻楼计划。第二天，敌人全体出动，在龙滚冲的河边筑好炮位，三门大炮炮口指着南楼东墙，准备向南楼打毒气弹。大炮在南楼的外面炸响了，但由于逆风，毒气没能进入楼内，这次敌人用毒气攻南楼的计划宣告失败。

弹尽粮绝写遗书

固守南楼已经五日。南楼内的物资并不多，只有粗大米四十多斤，清水一大缸，火柴一盒，食盐一斤，咸鱼豆豉各一斤，食油少许，机枪子弹五百发，还有一些步枪子弹和短枪子弹，

南楼上的枪眼

石灰二百多斤。经过多次和敌人交锋后，子弹就只剩几发了，粮吃光了，水也没有了，队员们个个饥渴难忍。司徒煦本来身体就不好，连日来又指挥战斗，劳心劳力，已经昏了两次，但他明白自己是副队长，如果不坚持到最后容易军心涣散，会导致全军覆没。他想到司徒四乡乡民对南楼自卫队的期望，想到守住南楼有着非常重要的战略意义，即强打精神，支撑起十分虚弱的身躯，坐到长凳上，对队员们说："兄弟们，我们是中华民族的子孙，是开平抗日战争的真正男儿！我们力量虽小，却打击了日寇的疯狂气焰，前后五天时间我们已射杀了敌尉官1人，炮手2人，敌兵13人，共16人。另外在进楼前还击沉了3艘敌艇，溺毙日、伪军百余人，战绩这样辉煌，确是少见，相信以后会载入开平人民的抗战史册的。现在虽然弹尽粮绝，又没有外援，日寇对我们虎视眈眈，但我们一定要咬紧牙关，坚持到最后一刻！只有这样才对得住乡亲父老，对得住历代祖先！"宣传员司徒旋当即吟起文天祥的诗句："人生自古谁无死，留取丹心照汗青。"接着他又领着队员唱起《义勇军进行曲》等抗日歌曲。由于又渴又饿又疲劳，队员们的歌声越来越低了。

六位队员在副队长司徒煦的鼓励下，又重新振作精神，强忍饥渴，在楼上监视着敌人的动静。

队员中年纪最大的是38岁的司徒昌，他是南楼七壮士中的大哥，是自卫队的情报员，在被困南楼之前曾深入敌占区刺探情报，智勇过人，多次为自卫队探听到敌军的情报，立下汗马功劳。当时南楼被困几天，又没有粮水弹药补给，敌人又在腾蛟庙驻扎，监视着南楼。司徒昌也知难逃一死了，这时他强忍饥饿，一步一步从三楼爬上楼顶，他俯视田野，见一些乡民从隐蔽处陆续回村，眼泪直流，情不自禁地向乡民大喊："各位叔伯婶姆，兄弟姐妹，你们安心回家吧！要耕好田才有饭吃，不要担心我们南楼内的兄弟。我们7人誓与南楼共存亡，我们所作所为，对得住祖先，我们死而无憾！"接着，全体队员都登上楼顶。

驻在腾蛟庙的日寇听到楼顶自卫队的喊叫声，从庙中走出来想看个究竟，机枪手司徒耀眼尖，拿起机枪向敌人射击，但狡猾的敌人迅速缩回庙内。这样，南楼仅有的几发子弹也打光了。

南楼一片寂静，队员有的躺在楼板上，有的斜靠在墙壁上。南楼七壮士，虽然赤胆忠心，一心为国，无奈已被敌人重重包围，救援无望。七壮士为了自己抗日杀敌的决心永远激励后人，由司徒煦提议联名写遗书，大家集中在三楼，磋商遗书的内容，公推"秀才"司徒旋执笔写在南边的墙上："煦、旋、遇、昌、耀、浓、丙，我等保守腾蛟，历时四日来，未见救援。敌人屡劝我投降，我们虽不甚读诗书，但对于尽忠为国为乡几字，亦可明了。现在我们已击毙敌十六名，亦已及相当代价。现在我们各同一心，于中华民国三十四年，六月十五日（农历），自杀于腾蛟南楼，留语族人，祈在敌人退后，将此情况发表报纸上，则同人等死亦心甘矣。"

七壮士联名把遗书写成后，准备集体自杀，以身殉国。司徒煦思前想后，放弃了自杀的念头，他对队员说："我们不能自杀！若我们自杀，日寇一定以为我们怕他们了。虽然我们没有子弹，但我们还有刺刀、石灰，就算日寇攻上南楼我们也还可以抵挡一阵的，我们要坚持到底，就算死也要死得有价值！"队员纷纷赞同，决意坚持到底，未到最后关头，决不轻易去死。

为了预防万一，假如日寇破楼，也不留给他们完整的枪支，司徒煦令队员将所有的枪支砸烂，只留下刺刀，准备肉搏，同时

南楼七壮士雕塑

在最险要位置窗口附近准备了石灰粉，一旦日寇攻楼时就用石灰粉撒他们的眼睛来阻止敌人进攻。

准备停当，七壮士严阵以待，迎接敌人更残酷的进攻。

遭毒弹被俘牺牲

7月25日，天蒙蒙亮，七壮士经一夜的饥饿折磨，就快支持不住了，特别是司徒煦和司徒昌又有病在身。

此时，包围南楼的敌兵正准备采取残忍的手段对付南楼。他们的三门大炮对准南楼东墙的窗口，上午八点半，三门炮一齐向南楼开火，炮弹呼啸而过，在楼内爆炸，气浪把楼内的壮士冲得站不稳脚，生病的司徒煦和司徒昌当即晕了过去。

敌人连续炮轰了近一个钟头。炮弹爆炸后产生的浓烟笼罩着整个南楼，远处望去看不见南楼的轮廓。这次炮轰，用的是威力比前几次更大的钢炮，前天才从江门日军指挥部专程运到，是杀伤力很大的毒气炮弹。炮弹爆炸产生的浓烟，人们一吸就会昏迷，甚至窒息致死。国际公约早已明令禁止使用这种毒气弹，但疯狂的日军竟然违反国际公约，施放毒气弹，这是一种灭绝人性的行为！

对岸的敌兵见南楼久久没有动静，料想楼内的人必是中毒无疑了，即戴好防毒面具，荷枪实弹，乘几只敌艇向南楼靠岸。南楼被轰后东边两个铁窗已炸开了洞，楼身有几处大裂缝，敌军官令工兵到船上搬来楼梯，放在楼边近窗口处，又命令几个工兵爬上去，用铁笔撬开窗口的铁柱，爬入楼内，敌兵爬入楼后发现七位自卫队队员中毒后已昏迷不醒，奄奄一息。于是日寇打开楼下铁门，将壮士捆绑，抬下船后，即开足马力向赤坎驶去。

七壮士被俘后，日寇极尽各种残酷的手段，对他们进行折磨，但七壮士宁死不屈，日寇最后将他们残酷杀害，并将尸体抛落赤坎河中以泄恨。

抗战时期消息闭塞，各交通要道被日寇占据着，七壮士在赤坎英勇就义的消息，一下子未能传到腾蛟。日寇毒攻南楼的第二天，乡民还以为壮士尚存，敌寇未退，故不敢前往腾蛟庙刺探情况，但时见敌船来来往往，而南楼一点动静都没有，也不见腾蛟一带有敌人进村抢掠粮物，深感奇怪。腾蛟村有两位大胆男子，出自对日寇的仇恨和对南楼七壮士的关心，冒着生命危险到腾蛟庙一带探听消息。当他们肯定七壮士被日寇俘虏无疑，他们急步回村报告消息。乡民闻之，已知七壮士凶多吉少。

中午，有一乡民从腾蛟西南的河边飞奔回村报信，说在河边的水草旁有浮尸一具，但因已面目全非，看不清是何人。有的说像司徒遇，司徒遇的妻子张氏听到这个消息，向河边狂奔，一见尸体的衫裤，认出是自己的丈夫，立即抱住丈夫的尸体悲声痛哭。后有消息传来，得知七壮士全部惨遭日寇杀害，抛尸河中，乡民沉浸在极大的悲痛之中。乡公所即派人沿江边寻找其余六位烈士的尸体。最终找到五位壮士遗体，唯有副队长司徒煦和弹药

南楼七壮士

南楼纪念公园牌楼

兵司徒丙没有找到全尸，乡民深感悲愤和遗憾。司徒氏四乡乡民，为了缅怀七壮士的英雄事迹，备棺木收殓了壮士遗体，安葬在高咀村凉亭之侧，使他们面向南楼，永远躺在腾蛟的土地上。

抗战胜利后，为了缅怀为国捐躯的七烈士的丰功伟绩，激励后人爱国爱乡的热忱，司徒氏四乡父老及热心人士发起大规模的追悼南楼七烈士的活动，于1945年8月25日，在开平一大礼堂举行追悼大会，各界人士及司徒氏四乡乡民数万人参加，各地送来挽联两千多副。

追悼大会后，各乡各界即列队游行到赤坎转至腾蛟庙，将烈士灵牌安放于三灵宫，并将三灵宫改为七烈祠。追悼活动虽然结束了，但开平南楼自卫队凭楼抗日的故事一直激励着后人，至今，开平南楼七壮士抗日的故事仍被开平人民广为传颂。

1983年，开平县人民政府公布南楼为县文物保护单位。1999年开平市人民政府筹资300多万元，在原址建成南楼纪念公园，增设纪念馆、雕像、牌楼，让南楼七壮士为国捐躯的英雄事迹永远为人们纪念与缅怀。

编者点评

　　南楼七壮士为了保家卫国，打击日寇的疯狂气焰，明知留守南楼就是流血牺牲，但他们顽强战斗，视死如归，誓与南楼共存亡，用年轻的生命，诠释了中华民族团结奋战、英勇无惧的伟大精神，是《义勇军进行曲》歌词的真实写照：把我们的血肉筑成我们新的长城，中华民族到了最危险的时候！……我们万众一心，冒着敌人的炮火，前进！冒着敌人的炮火，前进！前进！前进！进！特别值得一提的是七壮士中的司徒煦和司徒遇两位华侨子弟，他们为了祖国能早日驱逐侵略者，家乡人民不再受日寇蹂躏，放弃了国外本来安全舒适的生活，不顾个人安危，冒着生命危险回到多灾多难的祖国，最后无怨无悔为国捐躯，这种爱国爱家的情怀，这种不怕牺牲的精神，无不令人震撼与感动！南楼七壮士仿佛在用他们的实际行动告诉我们：无论身在何处，都不要忘记自己是中华儿女，不要忘记自己的祖国！

冼星海

百年巨匠，为民作曲永不朽

星仔说历史

　　抗日战争时期，随着群众性救亡运动的开展，革命音乐运动也开始发展起来。以左翼文化组织为首的革命文化战线由此建立，他们积极讨论文艺大众化、社会主义、现实主义等，热情地介绍马克思列宁主义的文艺理论和苏联革命文艺的成就，介绍和引进苏联社会主义革命音乐，开始提出发展革命音乐等问题。大批的爱国救亡歌咏运动兴起，很多音乐家的音乐梦想由"为艺术而艺术"，转向了与时代密切结合的"为人生而艺术"，他们很多人穷尽一生致力于用音乐唤起人民群众救亡图存的信念，在战争时代尤为可敬。著名的音乐家有田汉、萧声、聂耳、任光、张曙、吕骥、安娥等等，以及本文重点介绍的冼星海。

　　冼星海（1905—1945），曾用名黄训、孔宇，原籍广东番禺（现属广州市南沙区榄核镇），中国近代著名作曲家、钢琴家，素有"人民音乐家"之称。1905年出生于澳门一个贫苦渔民家庭，幼年时随母亲侨居马来亚谋生。1918年回国后，先后入岭南大学附中和岭南大学，酷爱音乐。1926年入北京大学音乐传习所，1928年进上海国立音专学习小提琴和钢琴。1929年去巴黎勤工俭学，师从著名小提琴家帕尼·奥别多菲尔和著名作曲家保罗·杜卡斯，1934年以优异成绩考入巴黎音乐学院，在高级作曲班学习，他是该班几十年来第一个中国考生。1935年回国后，积极参加抗日救亡运动。1938年赴延安，后担任鲁迅艺术学院音乐系主任。1939年6月，加入中国共产党。1945年10月因劳累和营养不良，他的肺病日益严重，最后病逝于莫斯科。冼星海一生创作了三百多首歌曲，大部分都是抗战歌曲。

筚路蓝缕，初逐梦想

　　冼星海祖上以渔为生，被俗称为"疍民"，他们以船为家，在海上漂泊，以捕鱼为生，生活十分艰辛。为了让家人过上好日子，冼星海的父亲冼喜泰通过长期的艰苦训练，终于成为一名海员。一家人本该过着虽不富裕但安定和顺的生活，然而好景不长，年仅36岁的冼喜泰在冼星海出生前几个月突然离世，冼星海成为孤苦伶仃的遗腹子。当时冼星海的母亲黄苏英才33岁，作为一名传统的家庭主妇，丈夫的离世，留下她与遗腹子相依为命，可谓是晴天霹雳。这意味着他们从此没有了经济来源，也没有了依靠。但她并没有因此自暴自弃，她独自外出找工，含辛茹苦抚养儿子，在冼星海今后的音乐求学道路中始终默默支持，毫无怨言。母亲身上这股劳动人民坚毅乐观的品质深深地影响着冼星海。

儿时，母亲经常给冼星海唱广东、澳门等地的民歌，算得上是冼星海的启蒙音乐老师，他印象最深刻的是一首粤语民歌《顶硬上》："顶硬上，鬼叫你穷，铁打心肝钢打肺，立下心肝去捱世。"这首歌十分贴切地反映了母子俩当时在社会底层的艰辛生活。正是贫困的家境和辛劳的母亲，造就了冼星海独立自强、坚韧不拔的品质和关怀劳苦大众的宽广胸怀。

1911年，在冼星海6岁的时候，外祖父离世，国内时局动荡，老百姓生计难寻，母亲只好带着他南下到星洲（新加坡）谋生。一路上，他们就靠着给船家打工换来船票和生活必需品，新加坡退休资深报人王振春是这样记录当时的情景的："在船上，他们为了生活，找到了一些活干，有时洗甲板，有时打扫食堂，有时帮忙人家缝缝洗洗……听话的星海，都在一旁帮忙……"
孤儿寡母生活在异国他乡，过着颠沛流离的生活，虽然生活漂浮
不定，但孩子要接受良好的教育，才有好的出路。冼星海先后就
读过牛车水街道的旧式私塾、英国人创办的英文学校——圣安德
烈英文学校，最后综合多方面的考虑，冼星海终于在新加坡牛车
水区华人开办的养正学校安定下来。"养正"一名，取自《易
经》中的"蒙以养正"之句，意为"从童年开始就要施以正确的
教育"。校长林耀翔为了给南来移民的子弟提供教育，不使他们
目不识丁，以此初衷开设学校。林校长回忆起冼星海在养正学校
的经历时提到："余初度来掌养正之翌年，冼君得友人介绍做工
读生，缘家境困难，慈母受佣别埠乏人照料，故准其在校食宿，
课余使助区先生整理乐器，随跟班习铜乐。"得知冼星海家境贫
苦，他特别批准冼星海在校食宿，成为养正学校一名免费的工读
生。无心插柳柳成荫，这段经历让冼星海初步接触到了乐队和
乐器，林耀翔校长可谓是冼星海最初的伯乐。林校长赞叹道：
"冼星海初次接触乐器，天才渐露，未几进步神速，造诣超侪
辈……"在音乐老师区建夫的细心指导下，冼星海的吹奏水平大
大提升，不久就成为学校乐队里金线三粒星肩章的军乐队长兼指
挥，从此迈出了他漫漫音乐长路的第一步。

1921年，林耀翔带着包括冼星海在内的20多名华侨学生，回
到广州就读岭南大学附属华侨中学。在岭大附中读书的冼星海，
也一直是半工半读的状态，利用课余时间出售文具，指挥岭南乐

队，假期还到香港做电影音乐工作，兼职给夜校学生上课，后来还做过打字员、华侨中学教员、庶务等。他还积极参与各项社会活动，经常到附近的村落里给幼童开展幼教活动，并在岭大附小的交际会上表演单簧管独奏。冼星海当时已经长得颇高，脸孔因为长期暴露在阳光底下，散发出黝黑的光彩，加上深邃又有神采的眼睛，透露着坚毅倔强与自信的气质，被朋友戏称如同"雪莱和贝多芬的肖像"。才华出众、气质坚毅又刻苦学习的冼星海与当时衣冠讲究、西装革履的富家华侨子弟们显得格格不入，也使得他成为当时岭南大学的"名人"。

异国求学，成风之斫

冼星海为了追逐音乐梦想，曾先后到北京大学音乐传习所和上海国立音专学习小提琴和钢琴，但后来发生的"学潮事件"，使得冼星海无法在上海继续接受音乐专业教育。于是，他决定到"音乐之都"巴黎进一步进修。

到巴黎进修音乐，差旅费和学费仍然是冼星海的头号难题，他混入船舱底部的水手间辗转回到新加坡，一边打工赚钱，一边找过去的师友筹集旅费，最终他登上了前往巴黎的轮船。到达巴黎以后，他孤身一人无所依靠，也苦于找不到进修音乐的途径，只能在外做服务员、厨师、堂倌等工作维持生计。由于交不起房租，他甚至还夜宿过塞纳河畔。年少孤苦的情绪与巴黎的浪漫自由不断冲击着冼星海的心灵，他心中始终怀着对音乐梦的向往和追求，在做工的同时一直在默默地留意着进修的机会。

终于，当他听闻广东同乡马思聪此时在巴黎音乐学院学习，仿佛看到了通向巴黎音乐殿堂的机会。他立即去拜访了马思聪——这位日后中国第一代小提琴演奏家和作曲家。同为音乐人，马思聪也非常惜才爱才，当他了解到冼星海在巴黎的境遇和对学习音乐的渴望时，便向自己老师——小提琴家保罗·奥别多菲尔推荐了冼星海。冼星海从此开始了跟随大师奥别多菲尔学习小提琴的经历，两人结下了深厚的师生之情。后来冼星海把握机会结识到巴黎音乐学院著名的教授路艾日·加隆，跟随他学习和声学、对位学、赋格写作等作曲理论技术。两位著名的教授宅心仁厚，对待勤奋好学、天资聪颖的学生十分爱惜，不约而同地免除了冼星海每月200法郎的学费，大大地减轻了冼星海的负担。

1934年，冼星海考入巴黎音乐学院高级作曲班，学习作曲兼学指挥。他是该班几十年来的第一位中国考生。考试当天他穿了一套袖子长了几寸的西服，又是中国人，法国门警流露出一副不相信的神情，并不打算放他进去考场。恰好此时保罗·杜卡斯先生从外面回来，他攀着冼星海的肩一道进去了。考试后，主考老师杜卡斯代表全体评委宣布："我们决定给你荣誉奖，按照学院的传统规定，你可以自己提出物质方面的要求。"当被问到最想得到什么东西的时候，冼星海几乎不相信自己的耳朵，但激动之余，他只说出了自己最迫切的需要——饭票。这个回答有点出乎评委们的意料，同时也收获了很多老师的赞赏。在基本生活都难以得到保障的时候，冼星海依然坚持不懈地求学，这种精神深深地感动了在场的评委。

虽然学费得到减免，饭票也解决了，但冼星海的生活仍然十分困难，特别是居住的条件十分简陋。在很长的时间里，冼星海居住在巴黎拉丁区山维舍尔大街8号一座多层楼顶层的阁楼，据马思聪的说法，这个阁楼的整个房间只有八九平方米，只有一个成人的高度，一张床紧贴着一张台子，台子上是一面叫作"牛眼"的朝着天空的玻璃窗。冼星海练琴时就站到台子上，上半身伸出屋顶，伸向天空，"对着上帝练习他的音阶"。

虽然身处异国他乡，但冼星海的心无时无刻不想念着故乡的母亲，想念着美丽的祖国山河。当他在巴黎参加国际工会，看到国内的新闻和照片时，内心常常悲痛不已。"看到了流离失所、饥饿死亡的同胞；看到了黄包车和其他劳苦工人的生活；看到了国共分裂的大屠杀……这些情形，更加深了我的思念、隐忧、焦急"。

1935年5月17日，一代印象派作曲大家保罗·杜卡斯因突发心脏病离世，冼星海对恩师的离世悲痛不已，他想起了尚在国内的母亲，不禁悲从中来，莫等子欲养而亲不在。当年暑假，他收拾行李离开巴黎，迫不及待地回到阔别五年的祖国。

为民作曲，抗日救亡

　　在冼星海创作的很多歌曲中，我们都能感受到他的民族情结和大众情怀。很大一部分原因在于冼星海长期生活在社会底层，与劳苦大众十分亲近。早在1929年，冼星海在上海国立音专时就发表过文章《普遍的音乐》，里面提到，在中国很难产生像贝多芬式的伟大作家，必须要提倡普遍的音乐（普及音乐），才能振兴中国音乐。他敏锐地意识到，必须提高群众薄弱的音乐文化基础，才能改变当时中国音乐文化发展落后的现实。因此在留法回国后，他一度想在大众面前开音乐会，用这种方式来向国人普及音乐。但很遗憾，这种尝试不仅受到了多方阻挠，而且这种不具备群众基础的交响乐音乐会对提升人民群众的音乐基础并不能起到很好的效果。

　　"九一八"事变后，与群众性救亡活动的开展相配合，革命音乐的创作也开始兴盛起来，救亡歌咏活动层出不穷。1933年春天，田汉、安娥、任光、聂耳、张曙等人在上海成立了"苏联之友社"音乐小组，1934年前后，聂耳、萧声、任光等人又在上海左翼剧联成立了一个音乐小组，其创作的《渔光曲》《风云儿女》《桃李劫》等电影的插曲，因其进步性和鼓舞性受到了人民群众的普遍欢迎，产生了极其广泛的群众影响。在这些抗战时期左翼进步文艺工作者的影响下，冼星海也终于找到了"中国的普遍的音乐"，他热切地投入到抗日救亡歌咏活动中，为民族独立而歌。

　　一开始，冼星海创作出来的歌曲并不那么贴合中国实际，不能很好地为人民群众所理解，后来，他参考了很多民族歌曲的曲风曲调，开创中国风格歌曲，终于陆续创作出一批有中国民族风格的救亡歌曲。

　　其中《救国军歌》的产生就很有传奇色彩。当时上海各校的学生联合进行抗日游行运动，学生的爱国游行运动遭到国民党当局的镇压，其时双方对峙剑拔弩张。看到此情此景，诗人塞克立即写了一首歌词，表明了在抗日战争一触即发的时刻，中国民众团结抗战的急迫心愿。当游行队伍走在冼星海的住所门口时，塞克拿着这首歌词交给冼星海谱曲，并告诉他这首歌游行队伍马上就要唱，希望他尽快完成。冼星海看着眼前的游行队伍，这些浩浩荡荡、热血沸腾的青年，他们眼中的坚毅感染着街上的每一位行人，他心潮澎湃地接过歌词，倚墙五六分钟内就完成了谱曲。

　　枪口对外，齐步前进！不伤老百姓，不打自己人，我们是铁的队伍，我们是铁的心，维护中华民族，永做自由人……

　　这首歌被冼星海谱成了坚强果敢、威武雄壮的进行曲，节奏铿锵有力、旋律流畅、气势坚定，当即在学生中唱响，随后在场的老百姓甚至是国民党保安队的士兵也跟着唱，很多人边唱边流泪。后来被吴永刚用作国防影片《壮志凌云》的片头曲，与聂耳创作的电影插曲《义勇军进行曲》一同成为传唱全国的抗战救亡歌曲。

《壮志凌云》这部影片与冼星海的缘分还不止于此,冼星海进入新华影片公司后,担任配乐和作曲的第一部作品就是《壮志凌云》。这是一部反映民族矛盾斗争的救亡电影,描述了军阀混战时期,黄河流域农民深受战乱和自然灾害的重重打击,颠沛流离,远赴关外艰难生活。正当他们历经艰辛重建好家园后,日本侵略者来了,面对这些茹毛饮血的侵略者,他们奋起拼搏,保家卫国,为抗日斗争作出了应有的贡献。

为了体现出黄河流域农民的生活,冼星海初步尝试作了电影插曲《拉犁歌》。但作为土生土长的南方人,冼星海实在是无法想象华北地区的农民生活,几经修改后,导演吴永刚始终认为曲子的江南水乡情调太重,缺乏大陆气氛。因此,在吴导演的建议下,冼星海决定跟随电影摄制组到郑州黄河外景地体验生活,为创作歌曲汲取素材。

冼星海对这次的采风表现出十足的热情,他们在郑州工作了一个多月,在这一个多月里,冼星海忙着到庙会里赶集,去听各种席棚子里民间艺人的演唱,去与各式各样的人交谈。最让他兴奋的是,每当黄河沿岸渡口上船夫们的呼号声起,他都要站到堤岸边,看黄河汹涌的波涛滚滚而来。这种与南方截然不同的生活体验,让他心潮澎湃,让他感觉很幸福,这股热情一直慢慢地泛滥,化成黄河水一般的浪潮,催发出冼星海对黄河流域自然景观和北方农村的风土人情最直观的感受。从华北回去后,冼星海一气呵成创造出新的《拉犁歌》,浑厚雄伟的泥土气息让剧组人员如身临其境，仿佛漫步于无垠的田野中。

这次成功的艺术实践为冼星海后来的创作提供了很多素材，他后来创作的《黄河大合唱》更是取材于此，在其《黄河船夫曲》《黄河颂》等乐章中，能清晰感受到中华民族的坚韧、宽厚、不屈的精神，像极了那源源不断奔腾而来的黄河水，为民作曲、救国于危难中的理念已经深深地融入冼星海的血液中。

中华儿女，情系黄河

冼星海痛感民族危亡的深重，深知民众的苦痛。在民族危亡的危急关头，他站在民族斗争的前面。他确信中国共产党才是中华民族的中流砥柱，他加入了中国共产党。为了民族解放，"为抗战发出怒吼"，他纵笔谱写歌曲。其中，他于1939年3月26日至31日创作的大型合唱曲《黄河大合唱》，是中国音乐史上的里程碑式巨作，成为旷世千古的绝唱。

1939年2月，诗人光未然在行军时不幸坠马受伤，随后跟随抗战演剧队第三队来到延安治疗。冼星海听闻后，立即赶到医院探望，听及光未然讲述黄河呼啸奔腾的壮丽景象，想起当年采风时在黄河边上的风光，不禁乐思泉涌。他们决定合作，由光未然写词，冼星海谱曲，共同完成一曲大合唱。由于光未然卧病在床，不方便执笔，冼星海特别邀请演剧三队的胡志涛为光未然做笔录，由他口述，将光未然两渡黄河和沿河行军的感受，以及战争时期老百姓的民族自豪感和抗日救亡激情汇聚成长篇歌词。洋洋洒洒的歌词写好之后，除夕之夜，就在西北旅社窑洞开的抗敌演剧三队的内部联欢晚会上，光未然现场朗诵了新作长诗。冼星海听完这首长诗，兴奋不已，当即表示：我有把握把它写好！

冼星海在创作歌曲时，常常显示出惊人的毅力，他夜以继日地保持着兴奋的状态，一开始写作就不愿意休息。偶尔斜躺在小床上抱头沉吟，忽然又起来奋笔直书，他的头脑里仿佛有无尽的乐语源泉，源源不息地迸流出来。他不抽烟，爱吃糖，写作时常常以糖果代烟。在创作《黄河大合唱》时，为了激发灵感，妻子钱韵玲每天给他熬红枣汤，在延安买不到糖果，光未然花了九牛二虎之力给他找来了两斤白糖代替。冼星海盘腿坑前，大包的白糖放在桌上，作曲的时候随便抓一把送到嘴里，一瞬间，糖水便化成为美妙的音符了。从1939年3月26日至31日间，经过反复的打磨，冼星海用6天时间完成了作品的全部曲调。又用了一周时间，完成了全部的伴奏音乐。

冼星海与家人的合照

这部作品以光未然的长诗为题材，以中华民族的发源地——黄河作为背景，围绕救亡的主题，融会贯通中西乐理，辅入晋陕民歌及古曲《满江红》音型，综合运用"独唱、齐唱、对唱、重唱、轮唱、合唱"等形式，并以朗诵词贯穿8个乐章，音乐主题贯穿发展，首尾呼应。全曲气势磅礴，将时代精神、民族气魄与大众艺术形式紧密结合，意在启发人民保卫黄河、保卫华北、捍卫全中国，成为反映中华民族解放运动的音乐史诗。

1939年4月13日，《黄河大合唱》由抗战演剧三队和"鲁艺"音乐系乐队在延安陕北公学礼堂公演，由冼星海任指导，光未然亲自朗诵，演艺队伍有男声独唱田冲，女声独唱蒋旨暇，以及二重唱史鉴、刘晨喧。首演时，乐队只有两三把小提琴，二十来件民族乐器，低音弦乐器是用煤油桶制成，打击乐器有脸盆、大把的勺子放在搪瓷缸子里摇晃造成效果……在这支原始的乐队烘托下，40多位热血青年放声高唱，现场鸦雀无声后又爆发出一阵一阵的掌声。5月11日，在庆祝延安鲁迅艺术学院成立一周年晚会上，冼星海穿着灰布军装和草鞋、打着绑腿指挥《黄河大合唱》，在场的毛泽东看了演出后，特别高兴，站起来使劲鼓掌，连声说："好！好！好！"周恩来从重庆回到延安看过演出后，于7月8日题词："为抗战发出怒吼，为大众谱出呼声！"

美国记者埃德加·斯诺在观看《黄河大合唱》后这样评价："我在延安第一次听到冼星海的作品，这位年轻作曲家的乐曲和合唱曲现在从黄河到黄海到处都在演奏……虽然它有许多从外国借来的东西，它仍然是中国的。"斯诺还对毛泽东表示："这是我在中国听到的最好的大合唱了。"

《黄河大合唱》，这部充满革命英雄主义气概的音乐史诗，在抗战烽火的洗礼下，迅速成长为中华儿女爱国救亡的号角，激励着无数热血青年投身民族解放的行列，他们唱着"风在吼，马在叫"，义无反顾地奔向抗日的最前方；与此同时，以其所负载的精神力量和民族个性，在海外华人及世界反法西

庆祝延安鲁迅艺术学院成立一周年

斯战线中得到了广泛的认同。而到了和平年代，它犹如一位战功累累的元勋，继续驰骋在国内外乐坛，成为中华民族傲人的艺术财富。

编者点评

　　在抗日战争时期，涌现出一大批抗日救国的艺术家们，他们以笔为枪，用歌声代替号角，向敌人发出一声又一声的讨伐。冼星海是其中的典型代表之一，他的人生经历可谓丰富而艰辛。在短暂的40年生命历程中，他经历了从一个普通贫苦船工的子弟，到音乐家，再到无产阶级革命家的转变。他刚毅坚韧，自强不息，无论到哪种环境都能自力更生，坚韧不拔；他又志存高远，为追求音乐梦想不畏艰险、辗转全球各地研修；他还有求真务实的优良品质，一生为民作曲，为抗战斗争作出了巨大的贡献。艺术巨匠难求，能为民作曲、为国分忧的音乐家更是百年一遇，冼星海先生称得上是我国德才兼备的音乐大家。

后 记

　　不懂历史的民族没有根，淡忘英雄的民族没有魂。岁在庚子，世界面临百年未有之大变局。为迎接中国共产党成立一百周年，我们秉承"把红色资源利用好、把红色传统发扬好、把红色基因传承好"的理念，讲好南粤红色故事，传承历史文化根脉，更是为了铭记这些英雄、铭记这段历史、铭记这些牺牲，我们编撰了此书。

　　"少年智则国智，少年富则国富，少年强则国强"，青少年是我们国家和民族伟大复兴的中坚。红色文化是中华民族的特色文化，更是中国人民宝贵的精神财富，也是中国先进文化的重要组成部分，传承红色文化，是建设社会主义文化强国的重要内容。本书中我们选取的革命先驱，为了"拯斯民于水火，扶华夏于将倾"的理想，毅然决然地投身波澜壮阔的革命洪流中，铸就了一座座彪炳史册、光耀千秋的历史丰碑。时至今日，我们在编写这本青少年读本时，仍然被这些革命先驱坚定的理想信念深深打动，为他们高尚的情怀深深震撼，为他们可歌可泣的人生深深激励。正是他们铁骨铮铮，铸就中华民族不屈的脊梁；正是他们浴血前行，换来了华夏儿女的岁月静好；正是他们无私无畏，迎来了我们党百年辉煌。基于此，我们编写时侧重展现南粤群英的青少年时期，同声同气，同甘同味，旨在在青少年中加强爱国主义和传统文化教育，把红色火种播下去，把红色基因代代相传，教会青少年爱我们伟大的党、爱我们伟大的祖国、爱我们伟大的人民，胸怀天下，以苍生社稷为己任，为实现中华民族伟大复兴的中国梦而努力奋斗！

本书执笔撰稿分工为：欧海龙，第一章、第二章；管华，第三章、第七章；肖漪莹，第四章、第十一章；刘铁梅，第五章、第九章；吴松山，第六章、第十章；张任明，第八章。

由于时间仓促、学识所限，兼之南粤大地无数革命先烈无法一一顾及，难免有遗珠之憾，书中如有错漏之处，恳请读者批评指正，以便将来修订完善。在此，对中共广东省委党史办、广东人民出版社等单位的支持、悉心指导，一并致以诚挚的感谢！

本书编委会

2020年秋于广州黄华园